魂がふるえるしごと

仕事の熱量

ベストセラーズチャンネル®（著）
山口佐貴子（監修）

キャリア教育出版®

監修者の言葉

どんな仕事にも意味がある。私は常々そう思っています。本当に不必要であるならば世の中から消えるはずです。収入を得られるという意味だけで仕事は成立しません。人が生まれてから死ぬまでの時間をどう生きていくのか？　平等に与えられ、しかも巻き戻すことができない時間だからこそ、どう使うのか？　それは自分の人生を何に使うのか、という明確な意思表示であり、その人という輪郭を明確にしていくものです。そこから生みだされた生産物が人に何らかの影響を与えることが仕事だと思います。

時には職を失ったり、介護、子育てに追われたり、病を患ったりと、思いどおりにならない環境に身を置くことも多々あるのが人生です。トラブルに巻き込まれ冷静な思考を欠くこともあるかもしれません。そんな時にこそ、これが自分の人生で何の意味を持つのか？　ここから私は何を学ぶのか？　そういう視点で見ると、そのこと自体がより自分の視点を本質的な仕事に移動させるためのきっかけになると知ることができます。

この本に登場する方々も、順風満帆に仕事をしてきた人は一人もいません。だからこそ仕事は、人に揉まれ、出来事に揉まれ、磨きあげられていくものだと言えます。そして、そこには必ず人が介します。ゆえに一人で行う仕事はこの世のどこにもないのです。人々のつながりのなかでこそ生まれるものが仕事です。

私にも家族がありますが、家族がいるからこそ頑張ることができるという人もいます。仕事とは、勤務もしくは収入があるなしという観点だけでなく、影響そのものです。自分という存在は何らかの影響を人に与えているということを知ると、行動にも責任が生まれます。眼に見えないつながりのなかで、自分の影響力を知り、律して生きようとする姿でいる人は、周りの人に影響をまた与えていくのです。

この本は、ＴＯＫＹＯ ＦＭで収録され日本全国約50局ネットで放送されているラジオ番組『ベストセラーズチャンネル®』で放送された２００余名から選りすぐられた対談をもとにつくりあげられたものです。ベストセラー作家をお呼びし、ベストセラーになった書籍を元にインタビューをしていく番組です。パーソナリティーをしている私が、取り上げた書籍に関する話の枠を超え、著者の方々の仕事に対する情熱にまで触れられたと思う方から、今回は8名の専門家に登場いただきました。年間8万点もの書籍が出版されるといわれる日本で、ベストセラーになるということはどれだけ稀なことなのか？　その多くの支持者を得たということは、それだけ読者の心に共感を起こせたということです。

本来のラジオ放送では「言葉が躍る」といいますか、パーソナリティーと著者という、聞き手と語り手の共振する対話から生まれる躍動感がありますが、それを文字にすると感情の抑揚は当然ながら減ります。しかし、文字で伝える良さもあります。それはラジオで次々と流れていくスピードでは感じられなかった言葉に潜む「想い」に触れることができるからです。『仕事の熱量』というタイトルにふさわしい8名の方々の言葉の何に共感が起こるのか？　それはあなた自身が確認していく自分自身の「仕事の熱量」でもあります。それを発見しながら、味わいながら読んでいただけたら幸いです。

監修・聞き手　山口佐貴子

Contents

目次

監修者の言葉　3

池内計司
池内タオル株式会社　代表取締役社長
著書『「つらぬく」経営　世界で評価される小さな会社・池内タオルの神髄』（エクスナレッジ）
10

西村佳哲
有限会社リビングワールド
著書『なんのための仕事？』（河出書房新社）
30

久保田崇
陸前高田市　副市長
著書『私が官僚1年目で知っておきたかったこと』（かんき出版）
54

福岡伸一
青山学院大学教授
著書『ルリボシカミキリの青　福岡ハカセができるまで』（文藝春秋）
80

若林克彦
ハードロック工業株式会社　代表取締役社長
著書『絶対にゆるまないネジ——小さな会社が「世界一」になる方法』（中経出版）
102

桂由美
ブライダルファッションデザイナー
著書『出会いとチャンスの軌跡』（カナリア書房）
130

村上和雄　筑波大学名誉教授
著書『スイッチ・オンの生き方――遺伝子が目覚めれば、人生が変わる』（致知出版社）　160

林成之　脳神経外科医
著書『脳に悪い7つの習慣』（幻冬舎）　198

おわりにかえて　230

池内タオル株式会社　代表取締役社長

池内計司

Keiji Ikeuchi

「つらぬく」経営

世界で評価される小さな会社・池内タオルの神髄

（エクスナレッジ刊）

（いけうち・けいじ）1949年生まれ。一橋大学商学部卒業。71年に松下電器産業（現・パナソニック）に入社。83年、池内タオルに入社し代表取締役に就任。先進的かつ独創的な高い技術力に加え、風力発電100％による工場稼動や業界初のISO14001認定など、業界の風雲児として注目を浴びる。99年に立ち上げた自社ブランド「IKT」は、日本のみならず欧米でも高く評価され、2002年には「ニューヨーク・ホームテキスタイルショー・2002スプリング」で、日本企業として初めて最優秀賞を受賞。同社の製品は「風で織るタオル」という愛称で親しまれている。03年、取引先の破産の余波を受けて民事再生を申請するも、これを機に総合テキスタイル・カンパニーへと舵を切る。07年には中小企業庁により「元気なモノ作り中小企業300社」に選定、08年には第12回新エネ大賞・審査委員長特別賞を受賞するなど、環境とビジネスを両立している企業として注目されている。

――池内タオルって、皆さんご存じでしょうか。私、初めて百貨店で見たときに『風で織るタオル』って書いてあって、「え？」って思ったんですね。

（池内）そうですか。日本では『風で織るタオル』のほうが、たぶん池内タオルより知られているのではないでしょうか。

――印象に残りますよね。『風で織るタオル』を最初に見たときに、「えっ、なんのこと」って、ちょっとびっくりしました。タオルなのに風で織るって、つながらないじゃないですか。このコンセプトは、そもそもどういうところから始まったものでしょうか？

もともと、ブランド名としては池内タオルの頭文字などをとって『ＩＫＴ』というブランドでした。１９９９年にファクトリーブランドとしてつくったんです。以後、一貫して**最大限の安全と最小限の環境負荷というテーマをもって製造していますが**、ネーミングは、その環境負荷を最小限にというところからスタートしています。

ブランド名に込めた願いとプライド

——とおっしゃると……。

環境負荷を最小限にするということで、当社は2002年1月1日から、社内で使う電気はすべて「風力発電」になっています。それで、いつの間にか愛称が『風で織るタオル』になって、いまのブランド名になっているというわけです。

——タオルを織っていくには、相当の電気・電力が必要でしょう。でも、「事業を運営していくときに必要な電気をすべて風力発電に切り替えていく」というコンセプトを思いついたのは、もちろん池内さんご自身だったわけですよね。

はい、もちろんそうですが、会社としては環境方針で、とにかく環境負荷をどんどん下げていくことは決めていました。ですから、**社内で自分たちの力でできる範囲の環境負荷はすべて抑えていこうということで打ち出したのが、電気に関しては風力に替えていくということだっ**

たわけです。

――思い切った変革ですね。それで、たとえば、この風力で織るタオルと、その前の風力ではなかったときにつくっていたタオルの出来は、まったく一緒なのでしょうか？

まあ、工業製品としての出来はともかく「心はきれいに」と打ち出しているので、感じる温かさは違うだろうと私は思っています。

――私もそう思います。実際に社長のそうした思い、社員の皆さんの思いが、きっとこのタオルに乗って、日本のみならず世界中を駆けめぐっている？

はい。

――先日、ある百貨店で最新のタオルを購入しました。それがここにある『コットンヌーボー2012』で、池内タオルの製品です。いろいろなシリーズがありますが、この新製品の誕生秘話というものはありますでしょうか？

ちょうど3年前のいまごろ、サトウリキというプランナーが、弊社に「ワインのように愉しむタオル・コットンヌーボー」という提案書を持ってきてくれまして。でも、私はパッと見て、その場で「ダメ！」って却下した。私は、気になるものはだいたい却下してしまうんですけど……。

――あれ？

でも、そのころちょうど、時を同じくして、私たちがずっと使っているスイスのリーメイというオーガニックの会社から、「タンザニアのオーガニックコットンを日本に入れたいのだけど、どこも目を向けてくれない。それで、最後に池内タオルさんに来た」と言われて……、そういうのが好きなんですね。

――なんとかできるかも？　と直感的にひらめいたわけですね！

ええ。それと、もう一つ、ミュージックセキュリティーズという個人ファンドの会社から、「個人のお金を集めて、一つのプロジェクトをやりたいので、池内さん、やりませんか？」という提案があった。そこで、「これだ！」とひらめいたのです。「この三つを合わせたら、『コットンヌーボー』という素材・製品・ブランドがいける！」と。それからスタートして２０１１年の２月１日に、『コットンヌーボー２０１１』という新製品をプレス発表しました。タオル会社がプレス発表なんて、大げさな話ですけど。

でも、じつはまだ、モノ、素材の糸がきていなかった。「３月末までにできます」と言いながら「いや、まだ糸がきてないから……」とヒヤヒヤものでしたね。「３月から発売します」と取り繕って生まれたのがこの製品です。

そのときに、「**このタオルで最初に包まれた赤ちゃんが成人するまで20年間、このプロジェクトは続けます。２０３０年までやります！**」と言い切ってしまったので、20年間は頑張らないといけませんね。

自分たちの地域・家業の歴史を伝えたい

――有言実行の熱意を感じますね。きっと池内タオルさんには、ファン、マニアと呼ばれる方がいらっしゃる。どこに惚れていらっしゃるかというと、このタオルの心地よさとオーガニックの安全性、それに、なんといっても、やはり社長の魅力があるのでしょうね。２０１１年から２０３０年まで、ずっと買い続ける人がいると思います。

そのファンの心には、「タオルの先に社長の顔が見える」といったことがあるのではないでしょうか。この温かさのタオル、心地よさのタオルをつくれるということに、社長の人柄というか社長の存在を感じます。ご自身は自称タオルマニアだとおっしゃっていましたが、何が、ファンをそこまで引きつけるのだと思いますか？

じつは『ＩＫＴ』というブランドをつくったときは、たくさん売るという目標をもってつくったのではなかったんです。ちょうど愛媛と広島に「しまなみ海道」ができ、愛媛側の起点が今治（いまばり）にできたときに、「今治で売るためのブランド」をつくらないといけなかったわけです。それでファクトリーブランドをつくりました。ただ、今治で売るだけなので売れる量は限られています。
でも、そこで、**わざわざブランドを起こしてつくる限りは、「つくり手のつくりたいものをつくろう」と**。「とにかく自分たちがやりたいことをやるんだ、もう売れなくていいや！」ってつくったのが『ＩＫＴ』というブランドです。

――その境地に至った背景は？

たぶん、そのころ会社には比較的余力があって、遊ぶことができたというのは事実です。それと、いまのように厳しい時代が続くのがわかっているから、「**できるときにやっておかないといけない**」という気持ちもありました。「売る気はない」なんていっていながら、その年の末には東京で展示会が始まるし、年明けには、ロサンゼルスで展示会を始めて、東京とアメリカでそれぞれ3回ずつ年6回の展示会をして、みんなの意見を聞いていったっていう面もありますが……。

――「売る気がない」といっても「商品として高く売れたらいいな」とか「採算を意識しつつ製品をつくらないと」ということではなかったといった意味ですよね？

そうですね。とりあえずは、お客さんの意向を聞いてつくるのではなくて、自分のタオルをやってきた歴史のなかで、つくりたいものをつくるという気持ちでした。

――社長は生まれたときから、タオル屋さんの子。池内タオルさんのタオルでご自身も育っていらっしゃる。その家業の意地のようなものもあったのですか？　他社製品との比較をされたり、お父様の研究材料として、肌触りとか意見を求められたりとか。

うちの父親はもう、私が大学生になってからは、「会社に入るな！」と入れてくれなかったですね。大学生が遊ぶ格好で親の職場に入ってくるなということです。私は大学を出てから家業と関係ない松下電器産業（現パナソニック）に入ったのですが、それでもタオルというのは、いろいろ見ていまして、自分の好きなタオルがあって、結婚してからも自分の好きなタオルを使っていました。

うちの親父、すごく気分が悪かったと思いますね。ずっと親父のつくったタオルを使っていなかったんですから。

――家業に対しては反逆者みたいなものですね。

私、皮膚って脳だとよく思うことがあります。興奮したり、好きな人が目の前にいたりすると赤くなったりとか、鳥肌が立ったりとか。そこに何が触れると反応するということに、学問的な興味や意義もあるような気がして……、とくに、たとえば赤ちゃんに肌触りのいいタオルを掛けると、泣きやんだりしますよね。そういった感覚、他社比較を実地でずっとやってこられたとはいえませんか？

実地でやっていたか、いなかったかはわかりませんが、12年間、松下電器にいて、**池内タオルへ帰るとき、父親から引き継ぎをするつもりが、その1週間前に親父が他界してしまって。**

――えっ？

それで、葬式の席上で引き継ぎをしていくわけですが、親父を見ながら、**「自分はもっと早くプロにならないといけない」**と思っていました。タオルについていえば本当に他社のタオルもよく見ていたので、「触ればどこのタオル会社のタオルかがわかる」って豪語していましたね。

――わかります、血筋ですね。血筋に裏づけられた自信って、誰にも負けないですよね。

触ってわかることが、自分がこれからタオルをつくるときの直感として活きてくる。血筋のデータとして入っていらっしゃるのは、本当に強味だと思います。

そう、「家業を継ぐ」ってそういうことなんですよね。

再生を賭けた一本のタオル

――その経営を継がれた途中に「民事再生をしなければいけないということが起こった」とショッキングな出来事がご著書に書かれています。それはどのようにして起こったことだったんでしょうか？

継いだ当時、池内タオルは「池内タオルハンカチ工場」って周りから言われるぐらいタオルハンカチをたくさん売って利潤を稼いでいる会社でした。ところが、生産の70％を納めている先が、突然、自己破産になって、経営者としては非常に格好悪い話ですけれど、当社も民事再生せざるを得なくなりました。２００３年の9月9日のことです。

そのころ、池内タオルは、タオルハンカチでたっぷり利潤をあげて、『ＩＫＴ』というブランドもできて、いわば、道楽していたんですよね。でも、「二足の草鞋はダメだ」と言われるようにもなりました。そのとき、**どちらの草鞋を脱ぐかというときに、僕はこの『ＩＫＴ』ブランドから育った『風で織るタオル』を選んだ。**従来のタオルハンカチやタオルを捨てるというと大げさですが、**『風で織るタオル』一本で会社を再生しようと決めました。**

――大きな決断ですね。

はい。もちろん、たくさんの方にご迷惑をかけているので、その方たちの支援がないと続けられません。28社の方にご迷惑をかけ、うち1社は保留でしたが、27社は賛成してくれたんですよね。きっとたぶん、しまなみ街道、今治がもつファクトリーブランドのコンセプトに夢をかけてくれたのだと思いますね。これはもう、必ず成功させないとご迷惑をかけた方に申し訳がない。もちろん、それを応援してくれているファンの方もたくさんいるので、頑張っているという感じです。

――そのファンの方たちから寄せられたメッセージがありましたよね。ちょっと、それを教えてもらっていいですか？

地方の小さなタオル会社の民事再生ですので、それがマスコミに載ることは基本的にはないのですが、たまたまそのころ、ＮＨＫが私をほかの番組でずっと録ってたんです。それでマスコミの方に、債権者会議になぜテレビ1社だけ入ることができて、ほかが入れないんだといわれて。どうぞお入りくださいとなり、マスコミの方もすべて入ったまま債権者会議をやったんですね。

――そうだったんですね。

それが全国新聞に載ってしまった。すると全国にいた池内タオルのファンの方からたくさんのメールがきたのです。**「何枚買えば助かるんですか?」**と。本当にその声に私の背中を押されたように民事再生の申請書を書いてしまった。1週間で書き上げないといけないので。

――「池内タオルを何枚買えば、会社は再生しますか」、この言葉はご自身で口に出すだけでも胸が詰まるような思いがする言葉ですよね。そこまで思ってくれる人がいたら、本当に後退できない。進むしかない、と。それで、裁判所に1500万円の再生手続きに必要な供託金の費用を値切ったという。

そうなんです。民事再生って、きょう会社がダメになるから申請するという法律ではないんですね。もっと長期間に考えて、たとえば不採算部門をカットすれば、会社は再生できるという筋道を認めてもらうための法律らしいのです。

池内タオルが申請する再生内容だと1500万円の供託金が必要といわれて、とても用意できないので、「900万円ぐらいにしてくれないか」と。「これしか用意できません。900万円で民事再生できる条件を教えてください」という話し合いを経て、再生に入ったんです。

――普通だったら思いもよらない。けれども、本当に待ってくれている人がいるという思いだけで交渉したのですね。諦めなかったという馬力、強さを痛感します。

いまも、いろいろな業界に、二者択一しなくてはいけない境地にある方っていらっしゃると思うんですね。ところで、ひたひたと寄せてくる、迫ってくる7割の売上を持っていた得意先の、「なんか変だな、危ないな」という兆候というか感覚は、あったと思うのですが……。

間違いなくあったはずですよね。でも、ちょうど『IKT』ブランドがニューヨークで賞をもらって、帰国子女みたいに1年後に日本で大きくマスコミに報道されて、「すごい！　いつ日本国内でも発売するのか」と話題になった時期でした。再生の日の翌日、9月10日が発売日で、池内タオルとしてはもう、自社ブランドもいまから大きく、いままでのビジネスもいくぞ！　会社としては史上最高の売上を示す！　と、ちょっと浮かれた気分があったんですね。それで、「なんか変だな、危ないな」ということに気づかなかった。

――『IKT』ブランドを盤石にしなかったら、その先に飛べないと、きっとわかっていらっしゃったような気がします。経営者が最終決断しなくてはいけないにしても、7割の売上を占めている得意先が倒れるかどうかはわからない。望みをかけたいですよね。

そうですね。

――でも、結論は先方からやってきた。「待ち切った」という潔さが次への原動力になったということは、ありませんか？

そのときは、まだ**『IKT』ブランドの売上は全売上の1％ぐらいでしたが、本当に『IKT』マニアと呼ぶような人たちが買ってくれていて、そのファンが本当にバックアップしてくれました。**具体的に誰が、ということではありませんが、そういうことがすごく背中を押してくれた、支えになってくれたという感じですね。

ポリシーを共有できるお客さんが世界中にいる

――ところで、いま、社員は何名ぐらいいらっしゃるのですか？

31名かな。だいぶ再生を始めたころよりは戻ってきました。

――31名といえば、「おーい」って呼んだら、聞こえる人数ですね。社長の思いがすべて肌を伝わっていくような温かさの残っている段階だと思います。ところで、大きく世界的に事業を広げたいという夢を持っている方たちも、会社経営とモノをつくるということとで、少し違うセンスが必要な部分もありますよね。モノづくりの社長さんには、会社経営がけっこうストレスになる方もいると思います。世界に名が通っている池内タオルさんの社員数が31名って、ちょっとホッとするものを感じます。その人数で経営できるコツって何でしょうか？

当社を理解してくれているファンの方がいるということでしょうね。「自分たちがつくりた

いものをつくったので、価格はこうなります。すると、『それでいいですよ』と買ってくれるお客さんが世界中にいる」というのは、本当にありがたいことです。**このことを体験してしまうと、自分の価値観以外で決められるようなものをつくろうという気がまったくなくなってしまうのです。**いくら売れても……。

――本当にお安くはないですよね。

はい。でも、高くはない。

――高くはないですよね。この池内タオルを選んでいるという自分の生き方がお客さんにも日常的にポリシーになっていると思います。

うれしいですね。そういっていただけると。

――本当にそう思いますよ。安く買おうと思ったら、タオルは100円で買える。それでも「私はこのタオルを選ぶ」というポリシーです。きのう私が行った百貨店で、「池内タオルさんって、どんな評判ですか？」と、ちょっと意地悪っぽく聞いてみたら、店員さんに「リピーターの方がいらっしゃるんですよ」と即答いただきました。

「これを選ぶ」ことが自分の人生のポリシーである。それは大事だと思います。世間からの風当たりが強い男性って、やはり肌で癒されたいと思うんですよね。だから、旦那さまがイライラしたら、奥様は旦那さまに対する愛情として、ぜひ肌触りのいい、『風で織るタオル』を買って、バスルームに置いてほしいと思うぐらいです。

ありがとうございます。

――本当に、人としての温かさを、このタオルを通じて感じてらっしゃるファンの方たちがいっぱいいるのだと思いますね。本日は素敵なお話をありがとうございました。

対談後記

革新のルーツをつくる経営者

会社を継ぐ1週間前に父親が他界するという出来事、直接引き継げなかったことをどう理解するのか？　それは父の息子に対する深い愛だと私は理解しています。父が子を信じて経営のルーツを自分で創っていくことを期待していたと思うのです。

時に創業社長は世代交代を上手く行えないのはなぜか？　もちろん力量の差はあるのかもしれません。しかし会社の価値、イコール社長自身の価値と考えてしまうがゆえに、子とはいえ別人格に単純に渡すことができないのでは？　と感じてしまう事例も少なくないのです。大企業でなければなおさらです。

池内社長はタオル屋の息子として、生まれ育った血筋のルーツを信じ、革新を行います。池内タオルは100％風力発電でタオルを製造し、「風で織るタオル」と称され、日本企業で初めて「ＮＹホームテキスタイルショー」で最優秀賞を受賞しています。まさにポリシーに添って一度決めたことを淡々と遂行していく強い意志が結実したものです。

逆風にも立ち向かう社長の信念が、「つらぬく経営」そのものです。民事再生の時「何枚買えば助かるのですか？」の声は、顧客の思いの強さの反映です。顧客は社長に面識がなくても、タオルを通じてその会社の温かみを感じている。タオルは物であって、物ではない。物を届けるのと同時に「想い」まで届けているということになります。「どこの会社でもいい、物でさえあれば」という商品を届けていたら、永続的な企業は作れないのです。

（山口佐貴子）

有限会社リビングワールド

西村佳哲

Yoshiaki Nishimura

なんのための仕事？

（河出書房新社刊）

（にしむら・よしあき）1964年東京生まれ。リビングワールド代表、『自分の仕事をつくる』著者
武蔵野美術大学卒。プランニング・ディレクター。建築設計分野を経て、つくること・書くこと・教えることなど、大きく３種類の仕事に携わる。コミュニケーション・デザインの会社リビングワールドの代表。多摩美術大学非常勤講師。
働き方研究家としての著書に『自分の仕事をつくる』（晶文社／ちくま文庫）、『自分をいかして生きる』（ちくま文庫）、『なんのための仕事？』（河出書房新社）など。

――西村さん、働き方というテーマで本を何冊も書いていてらっしゃいますけれども、まず、何があってこの「働き方研究家」という肩書、職業に行き着いたんでしょうか。

（西村） 30歳のときまで、ちょっと大きい会社で働いていたんです。その会社で、新しいオフィス像を考える仕事を担当していました。**みんながどうやったらよい空間、いい仕事ができる空間をつくれるのか考えているうちに、空間の問題ではなく「仕事そのものの問題だな」と感じ始めて、勢い余ってその会社を辞めました。**

退職後は個人のデザイナーとして、あるいはデザインプランナーとして仕事をしていこうと思っていて、辞めて1年経ったころに、あるデザイン誌で連載を始めさせていただくことになった。そのときにつくった肩書なんです。

だから、助走としては、ちょっと前から始まっていて、31歳のころに連載のためにつくった肩書です。

一つのパーツでしかない仕事が、つながって見える瞬間

――西村さんがいつも書いていらっしゃる本は、仕事そのものの捉え方というか、その仕事のなかにある、その人の人生観のようなものをひも解いて表に出していらっしゃると思います。そこで、たとえば、いま「勢い余って辞めてしまった」とおっしゃいましたが、自分の仕事のいろいろな側面で壁にぶち当たったり悩んだりするときに、こうした1冊の本に出会えることとは、私はすごく幸せなことだと思います。

そうですか。

――はい。なぜかっていうと、背中を過度に押してはいないじゃないですか。

過度に押す……、怖いですね、それ。

――背中を過度に押す本もありますから。私、実はラジオのパーソナリティー以外にも、速読のインストラクターをしているんですね。速く読んでなんぼ、ということを教えているんですけど、西村さんの本は全然速く読めないんですよ。

そうなんですか？

――ものすごく手強い本で、すべてにおいて。

ああ、そうなんですね。なぜですか？

――西村さんの本は「情報」ではないんですね。単なる情報だったら、パッパッパとピックアップできる技術は速読にたくさんあります。でも、味わう読書、味わうもの、感じるものというのは、簡単に感じることができるということはないんですね。自分の心に深く入ってしまうので、10年、速読を教えている私でも、西村さんの本は速く読めない。それぞれの人が仕事を考え直すときに、この本に出会うということは、安易な決定ができないということだと教えられたように思います。

なるほど。

――こういう一読者の声を聞いて、どのように思われますか？

うれしいですよ。過度に押しつけないというのも、すごくうれしい。

――逆にこの本を読まれて踏みとどまっている方もいっぱいいると思いますよ。

それはうれしいですね。

――自分の仕事に何が潜んでいるのか、自分の仕事の前がどうで、あとがどうで……、と大企業にいるとそういうことがよく見える人もいる。仕事って一つのパーツでも、1個につながって初めて、世界観として見えるようになる。

1個につながるって、どういう意味ですか？

――私が以前勤めていたのも大企業でしたが、自分の仕事は一つのパーツでしかないときがありますよね。でも、やっていくと、全体がズルッと見えるというか、視界が開ける瞬間があって、そのときに腹にスコーンと落ちて、仕事の意味もわかるということです。

スコーンとね。

――はい。そこまで行かずに時期尚早に辞めてしまう人もいると思います。

なるほどね。仕事の意味が見通せない状態で辞めてしまう、ということですね。

仕事、生き方をデザインするということを越えて

――ところで、ご著書で皆さんに伝えたかったのは、どんなことでしょうか？

ひとことでなかなか言えないんですけど。

――いっぱい話してください！

まず、最初に考えていたタイトルは、「なんのためのデザイン？」だったんですよ。僕はデザインの仕事に長い間たずさわってきて、デザイン教育にもずっとたずさわっていたので、それについて落とし前をつけるというか、言葉にしなくてはいけないと思ったことが、いろいろあったんですね。

ところが、編集者と話していると、やはりそのタイトルがついていると、本屋さんのデザイン書のコーナーに置かれてしまって、特定の人の手にしか届かないから、タイトルを変えられ

ないかっていう話があったんです。私が最初に書いた、『自分の仕事をつくる』という本も、登場する人はほとんどデザイナーです。

――そうですよね。

『自分の仕事をつくる』という本はデザインという仕事を通じて、でも、わりと普遍的と思われるところを取り出してまとめました。それと、同じような視点で、タイトルでは「デザイン」という言葉を手放した、そんな感じです。

――ライフデザインという言葉があるぐらいですから。でも、そもそもライフデザインは、描こうと思って描けるものなんでしょうか？

できないというか、するものではないと思いますね。じつは働き方研究家という名前でその連載を始めたけれども、第1回目のときは「ワークデザイン研究家」って名乗ったんですよ。

――ワークデザイン？

それでね、あっ、違う、違うと思って、2回目で変えました。

――それはなぜですか？

デザインという言葉が相応しくないからですね。

――それは世にいう一般的なデザインという認識と、デザイナーの方の考えているデザインの違いということでしょうか？

そうかもしれないですね。

――世にいうときにふさわしくないと思われたんですね。

いやいや、デザイナーとしてだと思います。デザインというのは、「こういうふうになってほしい」っていう結果を描いて、そのためのしくみをつくる仕事です。なぜか手放せなくなるとか、たくさんの情報の中で必ず目に入ってしまうとか、ある目的のためのしくみをつくるわけです。**でも、自分の人生とか生き方というものは、そのようにキメキメでつくっていくものでもなかろうという感じですね。**

――人生とか生き方とか、仕事というものも、一歩一歩進んでいくと、あまりにも思いどおりにならないという感じがしますね。たとえば、仕事って、人があってこそ成立するものじゃないですか。

そうですね。

ＰＤＣＡの一瞬に揚力をつける

――ところで、仕事には、ＰＤＣＡサイクル（※）といったものが重視されて、そのとおりうまくいっている人の本というのもありますよね。（※Plan（計画）→Do（実行）→Check（評価）→Act（改善）の４段階を繰り返すことによって、業務を継続的に改善すること）

でもＰＤＣＡサイクルというのは、直線的に目標に向かっていってどうなるというものじゃないですよね。成果はいいサイクルの結果にすぎない。クルクル回る中で、ある揚力が発生する。それをつかって上に展開してゆくものだと私は理解しています。

仕事って、考えるPlanのところから始める人もいるし、Doから始める人もいるし、Checkから始める人もいる。だから、ＰＤＣＡサイクルそのものは、すごくあたり前の原理で、要するに、トライ・アンド・エラーの繰り返しということです。やってみて考える、やってみて考えるという運動だから、ＰＤＣＡサイクル自体に違和感はありませんが、**誰しも、そのどこかで揚力を発生させるきっかけがある**と思うんですね。

それと、目標を決めて、目標に向かって一直線というのも、それが悪いとは思ってないんですよ。でも、そんなやり方は長期的なことには向かないというか。長期的なことに関しては、おおよそあっちの方向に行くんだという方向性を見定めるのはアリだと思いますが……。

具体的に、何に出会って、どんな石に躓くかというようなディテールは、進んでみないとわからない。もちろん、流れのなかでやっていくことや出会いを大切に、ということも重要です。たしかに、「それしかない！」と決めつける瞬間もあるし、短期的にきょう何合目まで山に登ると決めて朝一番に始める仕事というのも、とても意味があると思っています。ひとことでいえないですよね。**目標を立てることがいいとも悪いともいえない。**

――そうですね。仕事をしていると短期でやらなくてはいけないとか納期の制約などがありますから。ご著書にも書いてありましたけど、「きょうはここまで来られたという気持ちで眠る」ことも大切ですね。

でも、「きょうはここまで来られたと思えるようになった」という感覚があったりなかったりすることもあります。それが統一感をもって仕事に向かえればよいと思うのですが、それができるようになるきっかけは何か、いつやってくるのだろうといったことも考えます。

ビジネスパーソンはもちろん、主婦の方で起業しようという女性とか、いま自分がいる場所から、もっと統一感をもった仕事に進むなかで、無理がきかなくなっていくときがあるものです。確実に歳を取っていくなかで、どこか嘘をついていた自分に正直にならないと「マズイな」と思うときがあると思います。そのときに、転職や先々のことを考えたりする人もいます。そういうときにぜひ出会ってほしい本だと私は思っています。

たしかに、「もう、これ以上は無理できないな」っていうときがありますね。

自分の「考え」ではなく「実感」を信じきる

――最初の『自分の仕事をつくる』というご著書のルヴァンという有名なパン屋さんの甲田幹夫氏の話のなかで、「自分の仕事に何か嘘がある。僕のつくっているこのものを、ずっと食べ続けて、本当にいいんだろうかと思う瞬間がある」ということが書かれていました。

彼は、今はいいと思っているんですよ、自分のパンに関してはね。その話はパンを焼き始める前に、清涼飲料水の販売の仕事をしていた時代をふり返っての言葉です。

――そのように自分の仕事に何か違和感とかを感じたという方がいたときに、西村さんでしたら、どのようにその人に語りかけるのでしょうか。

きっと、その人にどう語るかということではなく、本人が自分にどう語るか、を大切にすると思います。**それは本当に単純で、「私は、本当にこれがしたいのか」という自分への問いかけです。**

たとえば、いま私は、山口さんの前でこうやってお話しさせていただいていますが、この瞬間に、「いま、本当に自分はここにいたいのか」と問いかけたら、なんらかの反応が返ってくるわけです。それで、「はい、ここにいたい」となると、「どのようにいたいのか」という問いかけになり、前傾姿勢でいたいとか、ちょっと身を引いていたいとか、早口で伝えたいとかになってきます。ご飯を食べているときでも同じで、「本当にこのご飯を食べていたいのか」「どんなふうに食べていたいのか」「なんで俺はケータイを見ながらご飯を食べているんだろう」といった自問自答を繰り返していくのです。

同じようなことをスティーブ・ジョブズも語っています。彼も毎朝、洗面台の前で、鏡に映った自分に、「今日これからやろうとしていることを、本当に自分はやりたいと思うかどうか」と問いかけるんだ、と。ジョブズのいいところは、そこで「やりたくない」とか「違う」と感じたら、即決じゃないんですよね。**やりたくはない、心が躍るわけでもないという日が何日か続いたあとに、「そろそろ生き方を変えなくては」と考える。**心にバッファーというか緩衝する部分がある感じが素敵だなと思っています。

――そうですね。感情をすぐ切り捨てはしない。余韻を味わい、その余韻のなかで感情が変化していくのを、自分でまた見ていくような感じですね。

それは自分の実感を確かめるということだと思いますね。働きながら、自分に対する疑問だとか、疑念みたいなものが湧いて、これまでやれていたことができなくなるとか、無理がきかなくなるとか、そういうときに、**自分に問いかけて、そのときに一番必要な答えを戻してくれるのは、自分の「考え」ではなくて、「実感」**なんですよね。

——実感？

そう、実感です。「考え」というのは、要するに頭のなかにあるもので、情報処理が進んだものですから、ちょっと古いんです。少し前の自分が考えた、「こういうふうに生きていこう」とか、「こういうことが正しい」とか、「こんな夢がある」とか。最初はなんかモヤモヤしていたり、あるいはワクワクする自分の感覚が言語化されて、あるセンテンスにまとまっているわけですから、ちょっと古い。

それもたしかに自分なんだけれども、鮮度がちょっと低いので、その考えに惑わされると、実感との間に齟齬が生じ、最新の自分とは統合されない。**いまの自分と統合されるには、いまこの瞬間に感じている実感につながる必要がある。**それは言葉ではなくて、いま、どんな感じかっていうこと、そういう問いかけをやるわけですね。

――実感というのは、私のお話しした感情とどう違うのでしょうか。一緒とも考えられますが……。

ちょっと違う。

――どの部分が異なるのでしょう？

順番でいうと、まず、感覚が先にあります。感覚はたとえば、なんかモヤモヤするとか、「これ、なんていったらいいんだろう」とか、モニョモニョモニョとしたもの。その感覚のあとに、それを形容詞化する。言葉でいうと「切ない」とか「やるせない」とか。それが情報処理として進んでいくわけですね。それらがひと繋がりの文章になっているのが「考え」であり、思考なのだと思います。映画を観たり本を読んだりして、「これはうれしいんだか悲しいんだか何なのかよくわからない」といったことはありますよね？

――ありますね。

あれが感覚です。

――いま、お話しいただいたように、人間はいかに感情や感覚を横に置いて生きてきてしまっているかということがわかりますね。そういう生き方を選んでいる人は、けっこういると思います。感じていると仕事ができないという感じで、切り離してしまった人たちです。

そういう人もいますよね。無理しなくてはいけないときには無理しなくちゃいけないから。

――西村さんも、そういう働き方をなさっていたときもありますか？

日々のなかにはありますね。そんな弛緩しきった毎日ではないので、ちゃんと無理はしています。

――そうなんですね。

私は会社に入ってまだ自分の能力とかいろいろなものが追いついていなかったころ、最初の

上司がすごく仕事ができる人だった。ただ、けっこう無理を強いてくる感じがあったんです。その人を見ていて思ったのは、無理をしている人はほかの人にも平気で無理を強いるんだなということでした。自分にしているのと同じことを他人にもするんだな、と。

だから、**自分とのつきあい方というのがとても大事なのだと思う。**ひいてはそれが、人づきあいにも反映するわけだから。ジョブズは洗面台を前にして、自分とつきあっていたということですよね。

――でも、そういうふうに噛み砕いて、現場で日々どう感じたらいいかをおっしゃっていただけるといいですね。たった一つの言葉を起爆剤のようにして、思い出してもう一回、原点に戻っていくことができると思う。

西村さんはそのように常に元に戻るという感覚なんですか？

そうですね。そういう傾向はあると思いますね。たとえば、**自分が植物だとしたら、どういうふうに育っていくのかな、と考えてみる**といった感じです。植物にしても、隣にどんな木が生えているかとか、土の中にどんな岩があるかとか、そういう個別の事情も抱えながら、それぞれの表現をしていくわけだから。ただ、すくすく、なんの障害もなく、「自分のありのままに生きてゆく」ことが是でもないだろうとは思いますね。

一貫性を持ち、ズレやブレがない生き方

――西村さんは一つのつながりのなかで、モノをデザインする、つくる、教える、そして書くというお仕事をお持ちで、すべて一貫性を持っていらっしゃる。ズレやブレがないんですね。

おそらく、いまのところは。

――ですよね。すると一緒にお話をして、安心してくるというか、世界観を持っていらっしゃるのはすごいことだと思います。最初の話に戻りますが、分離されたまま生きていくのはけっこうきついものがあります。でも、統一された自分の生き方、仕事のしかたが、一つの世界観のなかで動いているって、ものすごく長生きするのではないか、そういう感じもします。ところで、西村さんは本の執筆以外にも、いろいろなワークショップとかもなさっていますよね。

はい、そうですね。

――どんなワークショップがありますか？

少し前までは、働き方や自分の仕事をテーマにしたワークショップをやっていました。それは最近、自分では一切やっていなくて、近ごろはインタビューとか聞き方、「人の話をどう聴くか」ということに関するワークショップを5泊6日とかの長い時間を使ってやっています。

――それは西村さんのウェブページを見ればよろしいんですね？

はい、お願いします。

――リビングワールドという会社をなさっていらっしゃいますから。ネットで検索してみて、ぜひ、西村さんの温かみに触れていただいて、人生の仕事を楽しいほうに向けていただけたらいいな、と思います。西村さん、今日はありがとうございました。

対談後記

心を置き去りにした仕事では、観ることのできない世界

西村さんは仕事という価値観を、新しい概念で説いてくれます。日本が豊かになったからこそ迷ってしまう人々がいます。迷う余力のある社会で、どう生きていくのか？　近年生まれたライフワークという言葉にドキッとする人もいるでしょう。自分が人生を賭けてやりたい仕事は何なのかという疑問を、それぞれの人に突きつけるからです。

仕事は定年で終わるのでしょうか？　生きることは定年のその先も続きます。だからこそ仕事とは誰かから与えられるものではなく、自ら見つけ出していくものであって欲しいのです。それでないと続かないからです。それが、いつか見つかるという保証はどこにもありません。答えがあるから仕事をするのではなく、その過程から知ること、学ぶことこそが仕事観に磨きをかけていくのです。

西村さんが語る「感情の前にある感覚を大事にして仕事をする」という言葉は、自分の仕事に責任を持つということにつながります。結局、人が仕事をする以上、生み出される結果はそれを行う人の心に起因するからです。

ライフワークという一生続く仕事を持ちたいのであれば、仕事をしている時の些細な感覚を見逃さず、心と行動のずれをできるだけ整え、創るもの、表現するものを言葉などに託し、必要としている人に届け続けることが必要です。その人の人生の最後に「あの人はこの作品で表現できる」という何かを残せて世を去れたら、こんな嬉しいことはないでしょう。

（山口佐貴子）

陸前高田市　副市長

久保田崇

Takashi Kubota

私が官僚1年目で知っておきたかったこと

（かんき出版刊）

（くぼた・たかし）陸前高田市副市長。前内閣府参事官補佐。1976年静岡県生まれ。京都大学総合人間学部卒業後、国家公務員採用I種試験（法律職）に合格し、2001年内閣府入り。ニート対策を内容とする「子ども・若者育成支援推進法」の制定などに携わる。東日本大震災後のボランティア活動を契機として2011年８月１日より岩手県陸前高田市副市長を務める。2005年英国ケンブリッジ大学にて経営学修士号（MBA）取得。海外エリートたちの「人生を楽しむ姿勢」を学ぶ。過酷な労働環境で知られる霞ヶ関の中でも効率的な業務を追求し、独自のワークライフバランスを確立。日本心理カウンセラー協会正会員。TOEIC®905点。英国ヨーク大学政治学修士（MA）。行政書士。年間数百冊読むフォトリーダー。著書に『官僚に学ぶ仕事術』『官僚に学ぶ勉強術』（ともにマイナビ）などがある。

――久保田さんは現在、陸前高田市の副市長をなさっていらっしゃるんですよね。

〈久保田〉 そうです。

――そして、以前は内閣府参事官補佐。京都大学総合人間学部を卒業後、国家公務員採用一種試験を合格されて、そのあと2001年に内閣府に入られた。そこで、ニート対策を内容とする、「子ども・若者育成支援推進法」の制定などにもたずさわられた。そのあと、東日本大震災後のボランティア活動を契機として、陸前高田市の副市長を務めることになる。

……これはいつからでいらっしゃいますか？

震災の年の夏、2011年の8月からですね。

――それまでは、ずっと内閣府のほうにいらっしゃったんですね。

一時期、他省庁に出向したり、留学したりというのはありましたけど。それを除けば、内閣府にずっと勤めておりました。

1年目の悩みは誰でも同じ

――『私が官僚1年目で知っておきたかったこと』というタイトルは、久保田さんが、これから官僚をめざしていく若者に対して送ったメッセージという意味が込められているということでしょうか。

そうですね。やはり新人の公務員向けに、自分の最初のころ、新人のころを思い出しながら書いたものですね。

――たとえば、最初の章が上司・先輩とどうつきあうのかについて書いていらっしゃって、そのほかにも仕事をどう進めていけばいいのか、みずからの能力を高める方法、そして広がっていくのは、オフの日の過ごし方や気持ちとか。上司・先輩とどうつきあうのかが第一章に書いてあるというのは、ちょっと驚きでした。

そうですか？

――ええ。最初にこれを持ってくるというのは、官僚のみならず、会社、社会においても、そこが要であると久保田さんもお考えなんですね。

そうですね。やはり自分の経験からしても上司との関係で一番悩みましたから。たとえば、苦手な上司とも働かないといけないというところは、民間でも公務員でも同じだと思いますよ。私もそれで体調を崩したり、変なイボができたり……ストレスみたいなものもありました。でも、**そこをどう乗り切るかが、基本的なことですけれども一番大切だと思っています。**

――たとえば、仕事をスムーズにこなしていくために、いろんな勉強をします。それで文章の書き方が上手になるなど、ご著書でも、具体的な話をいっぱい書いてくださっています。それは、いろいろなことがどんなに上手にできたとしても、やはり上司に話を通すときの前準備とかコミュニケーション能力、そこを欠いてしまったら、実際に支障が起こるということなのでしょうか。

支障は起こりますね。

──それはどういうような場面で起こりますか？

そうですね。公務員の仕事は、たとえば法律が読めるとか、あるいは予算の仕事がしっかりできるということは重要ですけれども、それは、ある程度の経験を積めば一定のレベルまではだいたい誰でもいけるという面があります。だけど、**上司への対応、とくに対人能力というものは、なかなか一筋縄にはいかない**。いまでも本当に学んでいるくらいです。本当に世の中にはいろんな方がいて、いろんなタイプの上司もいる。ですから、上司ともうまくつきあえない人は、政治家ともうまくつきあえない。われわれは政治家や企業の方など、本当にいろんな方々と一緒にコミュニケーションをとりながら仕事をしないといけません。そこで大きなトラブルとか、問題が出てきますよね。

真実は細部に宿る

――この「官僚1年目」というタイトルについてもう少しお聞きしたいと思います。新人として会社に入ったとき、周りの人間はほぼすべて上司ですよね。

そうですね。

――その人たちとうまく折り合いをつけながら、でも、自分の意見をきちんと伝えないといけない場面もあります。そのとき、官僚となると、わかりやすくいうと誤字脱字、間違った表現、裏づけがない発言といったものは許されません。緊張モードにあると思うんですね。緊張しながらも、上司とうまく会話していくとなると、すべてが緊張に包まれてしまう人もいます。私も実際に経験としてあります。本当は緊張しなくてはいけない部分と、フレンドリーに関わるべき部分と、その境目をどう変えていくか、久保田流の術はありますか？

そうですね、簡単にいえば、教えていただくという立場を自覚してそれを態度に示せば、あ

まり問題にならないと思いますね。

――へりくだるということでしょうか。

そうでしょうね。新人で、何も物事を知らないというのは事実ですから。聞くのも恥ずかしいようなことも、きちんと聞かないといけない。でも、教えてもらう立場になれば、上司だって悪い気はしないでしょう。「お前はばかだなあ」と言われたとしても、「こいつはかわいいやつだ」と思ってもらえればしめたもの。その態度で臨めば問題はないというか、トラブルは起こらないのではないかと……。

――それが本当の意味での新人の責任のとり方の一つですよね。わからないものをわかるといってしまってはいけない。

そうなると、もっと逆効果というか、本当に悪循環ですね。

――でも、官僚といっても、久保田さんの場合はとくにキャリア官僚だったわけですよね。

はい。

――キャリア官僚というのは、やはり試験もむずかしいわけですよね。

そうですね。むずかしいといわれていますね。

――それをめざして生き抜いてきた人って、きっと相当、知識も知恵もあると思うんですよ。でも、どんなに知恵があってもうまくいかないこともあるっていうことですよね。

そうですね。

――たとえば、この本を見てね、なんて心が細かく優しい人だろうと思ったのは、「宴会の進め方」というところまで書いてある。これを一項目として書かれたお気持ちは、どういうものだったのでしょうか？

誤解のないようにいっておくと、宴会の準備というのは、業務ではないと思います。公務で

はありませんし、お金ももちろん自腹で出すものですから。ただ、現実問題としては自分もそうだったのですが、新人のころは「歓送迎会の幹事、おまえがやれ」「店を選んでおけ、予約しておけ」といわれることは多いわけですね。だけど、それに慣れてない人は、「どうやってやったらいいんだろう」と考えてしまう。役所のしきたりとか、その上司とかをうまく立てながらやるといったことは意外にむずかしいので……、そのようなことを思い出しながら書きました。

――ここを押さえておくといいぞ！　という、先輩からのアドバイスですか？

そうですね。

――誰に乾杯の音頭をとらせるとか、そういうことは意外に教えてくれないものですね。

とくに役所は、基本的に序列を重んじる職場です。ですから無礼講とはいいながらも、やはり上の人に最初にきちんとあいさつしてもらうとか、誰に先に乾杯してもらうとか、誰に先にあいさつしてもらうか、そうした順番を間違えると、これは本当にダメなんです。

――本としては、外してはいけないところを、きっちりと書いてくださっているということですね。

はい、ありがとうございます。

学生時代に学んだオンとオフの切り替え

――ご著書では、オフの日の過ごし方についてもふれてあります。すごく驚いたんですが、陸前高田市の副市長として就任されて、1年ちょっとの間で本を4冊ほど出されていらっしゃるんですね。

そうですね。

――トータルで5冊。実際に多忙なお時間のなかで、気持ちの切り替えとかはどのようにされていますか。どうしても仕事にとらわれてしまう人は多いと思うのですが、久保田さんはどのように切り替えていらっしゃるのでしょうか？

やはりオンとオフを明確にするというか、仕事から離れることも重要だと思っていて、意識的に離れるようにしています。

――意識的に？

はい。

――それは、家に帰ったら仕事のことを一切考えない……。

そうですね。基本的には仕事はやらないようにしています。

――家では、実際の作業もしないし、思考もしないと。

そうですね。ですから、原稿を書くぐらいはしますけれども。本当にそれ以外のことをせず、仕事は職場でするように心がけています。

――集中するということですよね。

四六時中、仕事から離れられないという方もいますが、やはり体に変調をきたすというか、

自分がやられてしまう。しょっちゅう仕事のことばかり考えていて無理をすると、体に現れてくるということもありますので。

――それだけ仕事では神経を削る場面が多いわけですよね。

そうですね。

――久保田さんが、一生懸命、お仕事をされながら本を書く。オンとオフを切り替え、多彩な趣味もお持ちでいらっしゃる。自分の気持ちを外に向け、人脈を広げていくことも積極的になさっている。そういう久保田さんの世間の歩き方はいつごろから意識されたのでしょうか？

大学時代の経験が大きかったのかもしれませんね。

――なるほど。それは京都大学に在学中のときということでしょうか。

そうですね。ちょうど地球温暖化の国際会議、京都会議と呼ばれている国際会議が、私が大

学3年生のときに開かれました。それを傍聴したり、そのためにいろんな勉強を学外の人とも一緒にやったり、NPOの人と一緒に議論をしたりとか、それが大きかったかもしれません。

――学外の人たちには社会人の方もいらっしゃったわけですね？

そうです。

――そのときに、いろんな人の仕事術を見たということですか？

まあ、当時は仕事術といったことは全然わかりませんでしたけど、あっ、こういう人がいる、こういう仕事のしかたがあるということは新鮮でした。たとえば、弁護士という仕事をしながら、環境保護の活動に熱心に取り組んでいる方とかですね。そういう方のなかに、人間的にもできていて、非常に魅力的な人も多かったわけです。だから、それを見て、「こういう生き方ってカッコいいな」と思いました。まあ、仕事術というよりはイメージ、憧れみたいなものです。

――自分がこういう人になってみたいという憧れに、今の久保田さんをつくる要素があったということですよね。

そうですね。

――では、たとえば、官僚になったときには、自分の憧れる先輩などをモデルケースにしてもいいのかもしれませんね。

理屈を超えて、情で動いた

――そして、今は陸前高田市の副市長をされています。私は、もう本当に震災の津波の映像を東京で見ながら、まったく手も足も出ないままに過ごしてしまった。被災地をあらためて見ると、やはり言葉が出ません。

そうだと思います。

――津波が4階まで押し寄せた市役所、剥がれ落ちてくる天井、建物に入ってしまって出ない曲がったクルマ……、そういった光景を見て、言葉を失うということを人生で初めて体験した人も多いと思います。久保田さんはいまその現場で日々奮闘されていますが、あらためて皆さんに伝えたい思いはありますか？

そうですね。まず一つは、東日本大震災からだいぶ月日が経とうとしていますが、まだ復興は始まったばかりだという、このリアルな現実ですよね。

――本当です。

復興には本当に時間がかかります。被害が大きいからあたり前といえばあたり前ですが、震災の記憶の風化が進んでいるといわれるなか、この現実をまずお伝えしたいですね。

――そうですね。ガレキが取り払われたあとには、荒れた平地が広がっています。だから、初めて訪れた人は昔からこういう土地なのかしらって見てしまうのだけれども、じつはまったくそうではなくて、電車が通っていたり、人がそこに暮らしていたりという。やはり仕事の範囲としては復興が最重要で、住宅をつくるというところから、雇用から、心を痛めた人たちのケアから、すごく多くのことを日々、行動されているわけですよね。

はい。

――でも、そもそも内閣府にいらっしゃって、なぜ副市長のお立場に就かれたのでしょうか？

そうですね。私が陸前高田にくることになった経緯は、私が内閣府の職員だったときの先輩で、樋渡さん（樋渡啓祐氏）という方がいまして、その方はいま、佐賀県の武雄市の市長をされています。その方に大変お世話になって、かわいがってもらったんですけれども、その樋渡市長が、同じ首長の立場で東北の復興支援をしたいという気持ちを持っていらっしゃった。それで、被災地に視察というか、ボランティアに行こうじゃないかとなり、自分にも声をかけていただいたのです。「おい、久保田も行こう」と。

先輩から誘われて、私もそれまで被災地に足を踏み入れたことがなかったので、ご一緒させていただいた。そうしたら、陸前高田の戸羽市長からも、本当に現状の凄まじさを教えていただいて、自分も言葉にならない衝撃を受けました。

それがきっかけになって、戸羽市長のほうから、内閣府の経験を生かして、復興の仕事を助けてほしいとお話をいただいて。それでこちらにくることになったのです。

――東京からこちらに移ることも含めて、心のなかには迷いや葛藤もあったと思いますが、それはどう乗り越えられたんでしょうか？

その話を最初に聞いたときには、突然のことにびっくりしました。自分は内閣府で、たしかに法律をつくったり、いろいろな経験をしてきましたが、地方自治体の現場に出るという経験はこれまでなかったですし、とくに防災に詳しいといったことでもなかった。ですから、自分なんかが役に立てるんだろうかと……。

そして、副市長というポジションだと、多くの年上の方を部下にするということもあって、そういうことに対して部外者のような者がいきなり行ってきちんと対応できるのだろうかと、かなり不安もありましたね。

――もう、数えたらきりがない不安ですよね。

きりがないですね、本当に。

――そこをどうやって……。

それを上回るものがあったということですね。いま私が申し上げたことは、完全に私個人の小さな悩み、不安みたいなものであって、**いま大事なことは、被災地の市長、奥様を震災で亡くされたなかで、毎日、陣頭指揮をとっていらっしゃる戸羽市長が力を貸してほしいといって**

いるという事実。これを断るという判断はあり得ませんでした。

私は公務員として、これまで十何年か生きてきましたけれども、公務員というのは大きな組織で動いていますから、自分の仕事は選べないのです。自分は福祉の仕事をしたかったとしても、農業担当になれば農業を何年間かはやらないといけない。これは組織で働く以上、あたり前のことですが……。

当時、震災直後もですね、震災復興とは直接的な関係がない部署で働いて、それはそれで、非常に充実はしていたのですが、そんなことでいいのかと思うようになった。**こんな国難のときに、自分ももう少し何か公務員としてできることはないのだろうかと、悶々としていた**ところもあったのです。

そうしたときに話をいただいたので、これはやはり**公務員として、本当に少しでも力になりたい、戸羽市長の力になりたいと思った**ということですね。

――諸々の問題は努力でカバーできる。それよりも情で動いたといっても過言ではないということですね。

そうですね。理屈で考えて断ることはできたわけですから。

――いま赴任されて1年半ですが、どうですか？　陸前高田。

そうですね、自分自身はこちらに来て、まったく後悔していませんけれども、自分が本当に役に立っているかどうかは、いまだに自信が持てないところです。やはり、よくいわれているように、復興の歩みがなかなか見えないとか、遅いとか、それも直接、市民の方からいわれることも多いので……。

苦情というか批判というか、そういった注文のようなこともいわれることも非常に多いですね。直接いわれること自体も国で働いていたときにはなかった新鮮さですが、それを**真摯に受けとめるなかで、本当に温かい岩手の人たちに支えられてやっているという感じです。**

――大きな組織、国の中枢から、震災の現場に入っていくという、生々しい日々……。

そうですね。

成すべきことを成せば、次はおのずとやってくる

――このあと、久保田さんがどのように自分自身の人生を展開していこうと思っていらっしゃるかということも、少しうかがいたいと思います。この陸前高田に久保田さん自身が期待することはありますか？

どんな町にしたいかと聞かれれば、いろんな意見があると思います。市民の間でもいろいろな意見があります。元どおりにしたいという人もいますし、いろんな意見がありますが、基本的に私は、**若い人たちがきちんとこの町で生活ができる、戻ってくることができる町、活気がある町**にしたいと思います。

――この町に本当に、もう一度戻ってきて、人口も増えて……。

そうですね。陸前高田は、震災の前からすでに人口が減っていて、少子高齢化、いわゆる日

本の過疎地が持っている課題をすでに持っていたところです。そこを震災が襲ったということです。だから、これから日本の各地が抱える問題を先取りしているような状態。それで「課題先進地」といういわれ方をすることもあります。

ですから、**震災復興のなかで、ちょっとでも課題解決のヒントを生み出していく、うまくいけばモデルになる町にしたいですね。その鍵になるのは、やはり、若い人たちがいかに根づくか、いかに活気のある町をつくれるか**っていうことだと思います。

――愛国心という言葉があるように、陸前高田をもう一度元気にしたいという思いがある。通常では考えられない心の痛み、現実的な痛みを抱えた人たちだからこその絆の強さが、陸前高田の盛り上げにつながっていくといいですね。

ところで、こうやって陸前高田の副市長をされながら、日々奮闘されていらっしゃる久保田さんご自身がどんなふうに展開していこうと考えていらっしゃるか、ご自身のビジョンはお持ちですか？

私がここに来た経緯も含めて、自分で選んではいないようなところがあるんですね。何かに動かされているというか……。**そういうことも経験してしまうと、あまりビジョンをきっちり**

と決めすぎるのもどうかな、という気持ちも正直なところあります。ですから、いま必要な成すべきことを成していれば、次に何をすべきかについても自然に見えてくるだろうと思っています。

私は内閣府にいたときから、若者政策にたずさわってきました。一つライフワークにしたいのは、**日本の若い方々が希望を持てるような社会にしたい**ということです。そのためのお手伝いができないだろうか、と考え続けています。本を書くのもその一つで、若いビジネスマンとか若い公務員が、仕事で大変なことがあるなかで、ちょっとでも前向きになれるような技術や考え方に対して少しでもお役に立ちたい。そういう文脈のなかで、何かをしていきたいと思いますね。

――久保田さん自身も十分お若いですから、一緒にジョイントしてつくっていきたい、そういうお気持ちですね。本日はありがとうございました。

その通りですね。ありがとうございました。

対談後記

人に始まり人に終わる仕事

東日本大震災は私達の生活を大きく変えました。特に現地の方の心の痛み、復興の現状など課題は多く残っています。人は究極の選択を迫られた時にどのように判断するかによって、未来が大きく変わります。

震災から数カ月後、力を貸して欲しいと被災地の市長から言われたら、あなたはどうしますか？　35歳の久保田さんの判断はYESでした。

私が岩手県陸前高田市を訪れた時、この地に必要なのは人の心に深く、慈しみを持って触れ合える人の心だと思いました。復興の要として心柱が不可欠だということで、そこに寄り添える久保田さんは官僚として霞が関にいるときも、副市長の今も仕事は変わっていないと感じます。関わる人の自己重要感をいかに満たすことができるのかということが、その仕事の焦点です。

でも、もしかしたら久保田さんはそんなことすら考えていないかもしれません。久保田さんのfacebookに市民の方が、「久保田さん、ご家族の人生までも変えてしまった。申し訳ないといつかお詫びを申し上げたかった」と書き込みをされたことがあります。人が言葉を発することがなくても、また、発したとしても見逃してしまいそうな些細な感情にすらも誠実に耳を傾け、人が満たされるために自然と行動できる素地があるからこそ、できる仕事だと感じます。仕事の前にまず人として誠実であることが大切で、手間暇をいとわず心を傾け仕事をすれば、それを続けた未来はきっと素晴らしいものとなるに違いありません。

（山口佐貴子）

青山学院大学教授

福岡伸一

Shin-Ichi Fukuoka

ルリボシカミキリの青

福岡ハカセができるまで

（文藝春秋刊）

（ふくおか・しんいち）1959年東京生まれ。京都大学卒。米国ハーバード大学医学部博士研究員、京都大学助教授などを経て、現在、青山学院大学教授。「生命とは何か」をわかりやすく解説した一般向け著作・翻訳を多数出版。2007年に発表した『生物と無生物のあいだ』（講談社現代新書）は、サントリー学芸賞、および中央公論新書大賞を受賞、70万部を超えるベストセラーとなる。
他の著書に『動的平衡』、『動的平衡２』（ともに木楽舎）、『できそこないの男たち』（光文社新書）、『世界は分けてもわからない』（講談社現代新書）、『福岡ハカセの本棚』（メディアファクトリー新書）、『生命の逆襲』（朝日新聞出版）、対談集『動的平衡ダイアローグ』（木楽舎）など。世界中のフェルメール作品を巡り『フェルメール 光の王国』（木楽舎）を出版するなど、大のフェルメール好きとしても知られる。

――福岡さんと言えば、『生物と無生物のあいだ』など、たくさんのご著書で皆さんもおなじみの先生だと思います。まず、プロフィールをご紹介させていただきます。１９５９年、東京でお生まれになって、大学は京都大学に行かれた。

（福岡）はい、そうです。東京からわざわざ京都の大学に行くのは、珍しいことだったかもしれないですね。私はもともと生物学者になる前は、昆虫大好き少年だったので、京大の今西錦司先生といった人に憧れて、親元を離れてちょっと遠くに行ってみたいと思ったわけです。

――それが福岡先生の冒険の始まりでもあるわけですね。京都大学を卒業されて、ロックフェラー大学及びハーバード大学医学部研究員を経て、もう一度、京都大学に助教授として戻られて、現在は青山学院大学教授でいらっしゃる。ご著書の『生物と無生物のあいだ』がサントリー学芸賞、新書大賞などを受賞、70万部以上売れて、これでいろいろな方が、福岡さんのお名前を知り、福岡さんの世界に引き込まれていった。

そこで、この『ルリボシカミキリの青』ですが、ちょっと舌を噛んでしまいそうなタイトル。ルリボシカミキリってどんな昆虫ですか？

小さな虫で、だいたい3センチぐらいの大きさ。カミキリムシという触角の長い虫の一種です。この虫の色がその名のとおり、瑠璃色というか青色に近いのですが、その青さがこの世のものとも思えないほど鮮やかな青で、絵の具などでは絶対につくり出せない、あのフェルメールだって描けないぐらい素晴らしい青色なんです。

――それに憧れ、恋い焦がれて、いつかはルリボシカミキリを自分の手で捕まえたいと思ったのが、「福岡少年」の原点であると。タイトルはそういう意味なんですね。

センス・オブ・ワンダー、美への探究心

――瑠璃色をした、触角がビヨーンと体よりも長いカミキリムシ。この虫が表紙になっています。このご著書では、みずからのことを「福岡ハカセ」と書いてらっしゃるので、福岡ハカセとお呼びしましょう。

「ハカセ」というと偉そうに聞こえますが、決して特別な人ではなく、**何か好きなことが一つあって、そのことがずっと好きであり続けて今日に至っている、そういう「誰にでもなれるものだよ」という意味であえて「ハカセ」とカタカナで書いています。**

――そうなんですね。この「福岡ハカセ」という出だしの言葉を読んだときに、私たちの知らない世界に手を引いて連れて行ってくださるような、そんな音楽が始まったような感じで読ませていただきました。この本には、福岡ハカセが幼いときに何かに出会い、発見なさったいきさつが書いてありますよね。

そうですね。

――それが、いまの福岡ハカセをつくるまでに、どのように作用していると思われますか？

センス・オブ・ワンダー（sense of wonder）という言葉があります。それは、**自然の精妙さとか、美しさに目を見張ること。あるいは、その美しさに打たれることという意味です。**この言葉をもともと使ったのはレイチェル・カーソンという、いまから40年ほど前に活躍した女性科学者です。作家で、『沈黙の春』という名著があります。

その本は化学物質、農薬とか殺虫剤が回り回って魚や鳥に影響を及ぼすという、環境問題に初めて警鐘を鳴らした作品ですが、彼女のもう一つ素敵な著作に、『センス・オブ・ワンダー』という本がある。それは、本当は子どものころに誰もがみんな持っているものですが、大人になると忘れてしまう……、そのようなものとして、センス・オブ・ワンダーが記されています。つまり、自然に対する畏敬の念。あるいは、その美しさや非常に精密にできていることにびっくりする心、それが一番大事だということなんですね。

――自然に対する畏敬の念……。

私は昆虫大好き少年で、どうして昆虫が好きになったのかは、いまとなっては説明できません。気がついたときには、もう好きになっていました。少年ってだいたい、虫の方にいくか、鉄道の方にいくか、メカニックの方にいくかだと思うんですけど、私は、昆虫だったのです。

　うちに図鑑のセットがあったのですが、昆虫の巻だけは、もう端から端までくまなく読んで、ボロボロになっていました。日本にいる虫の名前は、小学校の1～2年生のころには、すべてそらんじていました。ただ、ほかの図鑑はほとんど手つかずで……。だから、私は生物学者ですけど、いまだに昆虫方面に知識が偏っていて、「福岡ハカセはこんなふつうの花の名前も知らないんですか？」と、よく学生に笑われてしまっています。

　その図鑑にルリボシカミキリの写真が載っていた。当時の図鑑ですから、カラー印刷もきれいなものではなかったはずですが、その青さを見て、「ああ、こんなに鮮やかな虫がいて、その青さの上に墨汁で点を打ったように、六つ黒々とした点が乗っかっているんだ。いつか、この虫の本物を採集したい」と思ったわけです。そこが私のセンス・オブ・ワンダーの始まりだったわけですね。


――探究がそこから回り出した、ということですね。

指先で感じた命が原動力に

――図鑑の中にいたルリボシカミキリ、いわば単なる紙の上の絵が、本物としてこの手に乗ったらどうだろうと思った瞬間って、どんな感じだったんでしょうか。

　いま、科学者になってからも、結局、同じことを行っているのだと思います。つまり、頭のなかで考えた図式や「自然はこういうしくみになっているんじゃないか」というひらめき……、それを実験によって確かめる。文字や言葉、図式で書かれているものは、頭のなかで考えていることです。でも、それが実際にリアルな世界で起こっているかどうかは、確かめてみて初めてわかる。その二つが一致したときに、発見の喜びがあるわけです。ですから、図鑑でずっと見ていたルリボシカミキリが、本当にリアルな生物として実在し、**その美しさは図鑑で見たものの以上に本物の美しさだということが、発見の本質なのです。**

　でも、なかなかルリボシカミキリは捕まえられなかったんですよ。

――そうだったんですよね。この本にもあるように、見つけた瞬間というのは、一瞬その場を通り過ぎたあともう一度振り返ったら、そこにいたそうですね。

はい。実際、都会にはなかなかいない珍しい虫で、ちょっとした里山みたいなところに行かないといないのですが、いろんなところを探し回っても、なかなか出会えなかった。ところが、何年も過ぎて、あるとき、虫をいつも探しながら歩いていて、山に行って「何かいないかな」と、倒れていた枯れ木を通り過ぎた。カミキリムシはそういうところにいるのですが、そのときは気がつかずに通りすぎたわけです。

ところが、目の隅に何か光るものが見えた。その虫を驚かしたら逃げてしまいますので、「あっ」と思っても非常にゆっくり向きを変えて、その木を見たら、そこに、本物のルリボシカミキリがスッと止まっていたのです。もう、信じられないほどの驚きと喜びです。

――それは手に乗せられたんですか？

ええ、それはもちろん捕まえましたけど。

――そのカミキリムシは、そのあとどうなったんですか？

ちょっとかわいそうですが、標本になってしまいました。

――そうなんですね。実際に見たルリボシカミキリはどうでしたか？

それはもう、感動しました。本当にビロードのような青さで、見る角度によっても、その青さがさざ波のように変わる。これこそが本当のルリボシカミキリの青で、**こんな青さがこの自然のなかにあるということが、ただただ、ありがたいというか、本当に有り難し、つまり、こんなことは信じられないということですね。**

――有ることがむずかしいの「有り難い」ですね。

ええ。そこに私の原点がある。そうやって、これまで何匹も、何匹も標本にしたわけですから、虫を殺めているわけです。だから、虫を殺すときの痛みは、私の指先にずっと宿って、染みついています。そういうことが、いま、命を考えるうえでも、基盤になっているのかもしれません。

それとルリボシカミキリの青は、標本にすると、だんだん色が褪せていってしまうのです。

――熱帯魚も水中ではきれいなのに、すくい上げると、何？　と思うぐらい変わってしまうものがいます。それは、やはり生きているかどうかということですか？

そうです。生きているからその青さが存在するわけです。すぐには色褪せないけれど、標本にして何年も経つと、酸化や、光を浴びるとかで、色がだんだん退潮していってしまう。ルリボシカミキリが、なんかクロカミキリみたいに……。

――黒ずんでいってしまう。

それもまた、命というものの流動性というか、同じところに留まっていないということを教えてくれました。

――それがまさに「動的平衡」なんですね。

そうですね。体を構成する原子や分子が**常に動きながら、壊されつつ入れ替わり生成するということを絶え間なく行っている。それゆえ命が紡がれ、保たれている**わけです。動的平衡が止まると、そこからは分解や崩壊、風化ということが始まって、あれだけ青かったルリボシカミキリも色褪せてしまうということになります。

――それをすべて見ていく過程が、部分を切り取ったものでなく生命全体を見ることにつながる。それは、人間の命を考える上でも大切な学びではないかと思います。

そうですね。私は幸い昆虫好きが高じて生物学者になって、それはそれでよかったけれども、子どものときに好きだったことがそのまま職業になる必要はまったくないと思います。

虫を捕まえるために一生懸命になっていろんなことを調べたり、探したり、誰かに聞いたり、博物館に足繁く通ったりという、そういう営みがどんな職業に就いたとしてもその人を支え続けてくれると思うのです。そういう意味でも、センス・オブ・ワンダーは、とても大切なものではないかと思います。

愛することが発見の原点

——人生でセンス・オブ・ワンダーを発見できるというのは、本当に生きていく原動力になるということですね。

そして誰もが、センス・オブ・ワンダーをどこかで必ず見つけているんですね。ただ、そのことを忘れてしまったり、どこかに置いてきたりしてしまう。それがとても残念なことだとレイチェル・カーソンも語っています。

——その、置いてきてしまうという感覚は、社会に生きていると実感として感じられます。この『ルリボシカミキリの青』を読んでいるときに私は何を感じていたかというと、まるで音楽を聴いているようだったんですね。

それはうれしいですね。ありがとうございます。

――本当に、ご著書に引き込まれつつも、なぜ音楽が聞こえてくるのだろう、何の音だろうと感じてみたら、フルートのような音楽。それは純真さだったり探究心だったり、読みながら心が洗われていくような感じがありました。理系の人でこれだけ文章がうまいというのも、まったく稀有だと思います。

とんでもない。私は自分の虫好きだった少年時代のことだったり、自分の研究のこと、何かを見つけたり探究したり、科学のおもしろさを書いていますが、文章がうまいかどうかは自分ではよくわかりません。私の文章が詩的であるとか音楽が聞こえると言ってくださるのは嬉しいことですが、それは**科学自体が詩的であって、科学自体が音楽を持っているから、そういうふうに聞こえるのではないか**と思います。

――科学自体が音楽を持っている……、それはどういうことですか？

つまり、科学は何かの扉を開いていくようなものだということです。
おもしろいエピソードがあります。ニュートンがプリズムをつくって、太陽の光を分析して、それが虹の成分になっているということを明らかにした。つまり、虹を解体してみせて、それを科学的に解明したのです。だから、当時の詩人は、ニュートンを、「あなたは詩を壊してしまった」と非難した。

――なんたることだ！　なわけですね。

ええ。ところがじつはそうではなくて、ニュートンは虹を解体することによって、そこに新しい詩を見つけたのです。そのように**科学というのは、いつも新しい言葉で、より解像度の高い言葉で新しいことを記述していく作用があるの**です。当然そこには新しい世界の見え方があり、新しい宇宙の見え方がある。あるいは、目には見えないミクロの世界に小さな微生物たちがいるという驚きをもたらしてくれる。だから、そこには詩があり、音楽があるわけです。

――なるほど……。ところで、この本の中に、クルマの『プリウス』の安全装置を発明した中学生や、スズキ少年というフタバスズキリュウの骨を発見した人物が登場する話があります。こういう少年たち、子どもたちが新たなセンス・オブ・ワンダーを発見して、突き進んでいる様子が出てくるシーンに、すごく私は心を動かされました。

そういう少年たちがこれからも次々に出てきてくれると心強いですね。

――『プリウス』はとても静かなクルマで、後ろから近づいてくるとわからない。だから、なんとか音を出すしくみをつくろうと。その少年は、タイヤが回りだすと金属が動いて、低速だとカランカランと鳴って、高速で回るとそれが遠心力で止まって音が出ないようにするしくみをいろいろと工夫してつくり出したんですよね。

そういう試行錯誤や工夫ということが大事ですね。アイデアは誰にでもある。「そんなことなら私も思いついたよ」という人が、あとからいっぱい出てくるかもしれない。けれども、実際それをいろいろと工夫して、適正な速度で適正な音が出るようにつくるというところに、じつは創意工夫の大事なところがある。その少年はそのことを一生懸命にやったわけです。

スズキ少年の場合は、ちょっと昔の話ですが、彼は化石ハンターだったんです。一生懸命、週末に化石を採りに行っているうちに、ある珍しい動物の骨の化石を発見、それが日本で初めて大型の首長竜の骨を丸ごと発見するきっかけとなりました。

じつは科学の世界でも、アマチュアの人が支えている分野はすごく多くて、**新種の虫を見つけるとか、化石を見つけるとか、夜空に彗星を見つける人たちというのは、学者たちではなく**

て、ほとんどがそのことにのめり込んだアマチュアの人なんです。

――本業ではやっていないということが、ポイントなんですか？

ええ。奥本大三郎さんとお話ししたときに、彼がこんなことを語っていました。彼はフランス文学者ですが、幼い頃、昆虫大好き少年で「アマチュアのアマっていうのは、フランス語で愛するということだ」と。アムールですよね。愛するということから出発しているということ。つまり、昆虫にしろ、彗星にしろ、化石にしろ、**そのことにのめり込んで、それが好きでたまらない……、そこが発見の出発点だということなんです。**

――たとえば、ご著書のタイトルのルリボシカミキリというのは、まさにあまり聞いたことがない昆虫です。でも、これが、ハカセがハカセとなった道のりのきっかけだったように、読者にも、「自分のセンス・オブ・ワンダーってなんだったかな」と思い出すきっかけになるといいですね。

そうですよね。センス・オブ・ワンダーは他人に押しつけることができないし、ルリボシカ

ミキリを見せても多くの人には「何、こんな気持ち悪い虫」っていわれるのがオチだと思うのですが、これを私は美しいと思ったわけです。

結局、「馬を水辺に連れて行くことはできても、水を飲ませることはできない」という言葉があるように、私が子どもの手を引いて「ルリボシカミキリってこんなにきれいだよ」っていっても、「へぇ」と返されて終わってしまうかもしれない。でも、彼ら、彼女らは自分のセンス・オブ・ワンダーをどこかで見つけられるはずなんです。

それは非常に個人的な、パーソナルなものであって、**少年少女がだんだん大人になっていったときに、何が美しくて、何が正しくて、何が真実かということを考えるうえでの非常に大事な基準点をつくるものではないかなと思うんです。**

——私はもし、福岡ハカセに、「ほら、これがルリボシカミキリだよ」と見せられた瞬間に、それに関しては「ほおっ」と思うかもしれないけれど、私だったら、そのイキイキしている福岡ハカセがセンス・オブ・ワンダーだと思いますよ。

準備された心に幸運はやってくる

ルリボシカミキリの青い色が素晴らしいと思ったということ、その体験を伝えることしか私にはできません。『ルリボシカミキリの青』という本の隠しテーマは、教育論といいますか、いかに教えるか、いかに学ぶかということでもあるのです。「ルリボシカミキリの青は美しい」と自分の体験として語ることはできるけれども、これを誰かに美しいと思わせることはどうしてもできないわけです。

――たしかに。

だから、教育というのは不可能性へのチャレンジでもあるのですが。裏を返せば、水辺に誰かを連れて行くことまではできるという希望でもあるわけです。

――日常に紛れていると、その目の前にある自然に反応する心を、それこそ置いてきてしまうときがありますね。

やはり、ずっとそれが好きであり続けないと、見えないこともあるんですね。私が山道を歩いていていて、ルリボシカミキリが目の端に止まったのは、お風呂に入っていても、学校に行っていても、どこでもルリボシカミキリ、ルリボシカミキリと思い続けていた……、そうした準備された心、プリペアードマインドといえると思いますが、それがあったから気づくことができたわけです。

――そうですよね。

ですから、まったく何もないところに発見はなく、幸運も舞い降りてこないんですよ。

――自分が何にアンテナを立てているかですね。

そうです。ルイ・パスツールの言葉に「Chance favors the prepared mind.」、チャンスは準備された心に降り立つという言葉がある。**ずっとそのことを思い続けるというのが、準備された心ということではないかなと思いますね。**

――準備された心を持ち続けていると、仕事も変わってくるかもしれませんね。

そう思います。子どものころに何かに一生懸命になったということが、どんな職業に就いても、その人を支えていく……、それは私の体験として思います。

――ところで、福岡ハカセは、その、子どもたちと触れ合うという意味も含めて、「ロハスキッズ・センター　クローバー」という保育園の教育プログラムの監修もなさっていらっしゃいますね。

そうですね、これは保育園で、新しい保育の形を探ろうとする試みです。私は生物学者として、そのセンス・オブ・ワンダーを、どのように見つけるかのお手伝いができるということで、自然の中での遊びの時間、あるいは河原を歩く時間といったプログラムを、子どもたちに体験してもらっています。結局、何かを見たときにそれを美しいと思うかどうかは、子ども次第なんです。

大人が「ほら、見てごらん」とか、「耳を澄ませてごらん」とか、「立ち止まってこの風を感じてごらん」とか、「夕焼けがこんなにきれいだよ」などと誘うことまではできますので、そ

うした時間を大切にするプログラムを教育に取り入れる試みをお手伝いしているわけです。

――そうなんですね。ぜひ、大人たち、毎日、仕事をしながら、何か自分のなかで躍動感とかワクワクする感じが失せてきていると思う方に読んでいただきたいですね。福岡さん、素敵なお話をありがとうございました。

対談後記

感動はすべての仕事の根源になる

大人になって仕事に迷った時は、ぜひ小さい頃に何に夢中になっていたかを思い出してみてください。

子どものころに何かに触れて心が震えた原体験はあるだろうか？　もしかしたら、それは今の仕事と何か関係性はあるだろうか？

福岡さんは誰にもセンス・オブ・ワンダーはあると教えてくれます。そして、大人になった今、そのみずみずしい感性を記憶の奥底に置き去りにしてはいないかという疑問があります。日々に忙殺されたら、簡単に忘れてしまうもの。慣れとは怖いもので、慣れてしまったら発見できるものすら減ってきます。

イキイキとした感性を保持することは、いい仕事をするうえで不可欠です。そして、その感動を伝えたいからこそ、言葉を紡ぎ、時間を費やして人はいい仕事を創っていくのです。ルリボシカミキリに会いたくて、求め続けたからこそ眼の隅に入った青色を捉えることができた。求め続けたからこそ得られた奇跡です。

頭の中での情報としての存在と現実の生命体として触った感触。点と点が結ばれていく瞬間。そこから始まる物語があります。発見していくことに価値があるのは、それにより見える世界が変わっていくからです。自分を高みに押し上げていくことができます。奇跡は準備できるのです。自分の仕事の先に誰かが微笑んでくれることを信じて、今日も仕事の奇跡を起こすために、あなたは何を仕込みますか？

（山口佐貴子）

ハードロック工業株式会社　代表取締役社長

若林克彦

Katsuhiko Wakabayashi

絶対にゆるまないネジ
――小さな会社が「世界一」になる方法

（中経出版刊）

（わかばやし・かつひこ）1933年大阪市生まれ。大阪工業大学を卒業後、バルブメーカーに就職し、設計技師となる。国際見本市で見た戻り止め（ゆるみ止め）ナットをヒントに、「Uナット」を開発し、富士産業社（現 冨士精密）を創業。その後、世界最高性能の「絶対にゆるまない機構」をもつオンリーワン商品「ハードロックナット」を開発し、74年ハードロック工業を設立。同商品は、東北新幹線の新型車両「はやぶさ」をはじめとする各新幹線や英国・台湾・中国・ドイツなどの高速鉄道、東京スカイツリーや六本木ヒルズ、瀬戸大橋など、「絶対にゆるまない」ことが求められる交通機関や機械、建築物などに広く採用されている。そのユニークな商品や経営哲学、開発の手法は、テレビ東京系「カンブリア宮殿」、TBS系「夢の扉」、韓国KBS、英国BBCなどのテレビ番組をはじめ、新聞、雑誌等で頻繁に取り上げられているほか、「Newsweek」の「世界が注目する日本の中小企業100社」に選ばれるなど、国内外のマスメディアから注目を集めている。

――絶対にゆるまないネジ。このネジで「世界一になる方法」というのがこの本のタイトルです。この本を最初にお見かけしたとき、社長の熱いまなざしに、ぜひお目にかかりたいと思いました。

〔若林〕そうですか、ありがとうございます。

――はい。どうしたら世界一になれるのだろう、自分のアイデアをどうやったら形にすることができるのだろうとか、いろいろとうかがいたいことがあります。

まず、このハードロック工業株式会社ですが、大阪で起業されてどのぐらいになるのですか？

そうですね、昭和49年のスタートですからね。もう39年になりますね。

――社長がこの業界に入られて、どのぐらいに？

創業前に私はUナット、ゆるみ止めナットの開発を13年間やっていまして。で、このハードロック工業の立ち上げが2度目なんです。

疑問は心の奥に持ち続けるからこそ氷解する

――会社として？

はい、最初の会社は、昭和37年に立ち上げました。スタッフ３名で……。

――いまは、社員が約50名いらっしゃる。

そうですね。

――決して大企業というわけではないけれど、世界一になっていったという、その軌跡をうかがっていきたいと思います。このネジ、じつは東京スカイツリーとか、新幹線とか瀬戸大橋とか、そういうところにも使われていると聞いたのですが、それはどういう経緯があるのでしょうか。

このハードロックナットは、いったんつけたら絶対にゆるまない。でも、着脱は何十回、何百回できるんですよ。1回つければ、何十年、何百年と、ゆるみ止めの機能を維持するわけです。

――それを証明してくれた人がいるんですよね。

そうですね。まあ事実、**40年近く、1件もクレームはございません。**

――1件もないんですか?

ないですね。ゆるむといったクレームでしょ。そういう状況はないわけですね。

――東京スカイツリーを想像したら皆さんにもわかると思うんですけれども、もし万が一、何かがあったら、もう大事故になるわけですよね。

そうですね。ですから、お使いになる前に相当厳しい試験があるんですよね。

――その試験を超えられたということですよね。

はい。お客さまはいろいろな試験をクリアしないと使いませんので。

――この絶対にゆるまないネジを開発された経緯をお話しいただいていいですか？

私は、最初はサラリーマンで、もともとは脱サラなんですよ。前は設計士で、自動バルブの設計をしていました。そして、最初に開発したのがUナットといいまして、板バネを使って、いわゆるネジ山を挟みつけて回すやつです。いまもこの商品は出ていまして、日本でもトップセールス。本当に多くの場面で使用されています。

ただ、その商品はまだ完璧ではなかったんです。衝撃の強いところにつけると、ゆるむケースがあるんですね。そういうことがあるから、絶対ゆるまないナットを開発しないといけなかった。

――絶対にゆるまないものが必要だった……。

そんな時、たまたまお宮さんの鳥居が目に入ったんです。普段からぼ〜っと眺めていたんですが、その時はなぜか上のほうにくさびが刺さっていることに気づいた。鳥居は、くさびでしっかり締結しているわけですね。で、それはもう、何百年、何千年、ずっと安定しているわけです。で、そういうところにちょっと気づいた。

「あ、このくさびをボルトとナットの隙間にカチ込んだら、絶対ゆるまへん！」と。さっそく飛んで帰って試作したら、いけるじゃないですか、ということです。

――気づいた瞬間、うれしかったですよね。

うれしかったですね。で、試作したら、さらに内容が具体化してまいりまして、「これはいけるな」と。すぐ商品化はできませんから、1年ほど、商品になるように開発していくわけです。で、1年後に、これまでやっていたナットは第三者の方に差し上げて、新しく会社を立ち上げました。

――それがハードロック工業ですか？

そうです。

――この商品がやはり、ハードロック工業の主力ですね。でも、これだけですか？　ネジは7000種類ぐらいあると聞きましたが……。

種類はたくさんあるのですが、主力はこのネジです。このハードロックの機能で、大きい、小さい、すべて共通した機能を持っています。種類は組み合わせですから、いくらでも増えてまいりますよね。

――今、お話を伺いながら、手元でハードロック工業さんのネジを触らせていただいています。この構造を生み出すのはきっと相当難しいと思います。説明するのだって難しいと思いますもの。でも、鳥居を見て気づく方は、そうそういないのではないでしょうか。

そうですね。まあ、あれは昔からの古代建築の一番の要ですから。あのくさびをナットに持ってくる発想をする人は、ほとんどいないでしょうね。

――どうやったらゆるまないかということを真剣に考え始めて、どのくらいの時間が経ってから、鳥居を見て、はたと気づいたんですか？

最初のUナットはだいたい13年ほどやっていて、マーケットでは一般的に流通していたんですよ。でも、年に何回か「ゆるんで困る」といった話はありました。一番困ったのは、クラッシャーといって、ものすごく衝撃が強い、石を割る機械にUナットをつけていて、それがゆるんで機械がバランスを崩してしまう、と。そういうケースがあったので、「これはいかん」ということで……。

――思い続けていて、社長のなかにずっと疑問があったということですね。その疑問が鳥居を見た瞬間に、パーンとはじけたということですね。

そうですね。**完璧な商品を、絶対にゆるまないネジを開発しなくていけないという気持ちがずっと頭の中にありましたから。**

――常に質問・疑問を自分に問いかけているから、答えが目の前に現れたときにわかる。

そういうことですね。

――ビジネスパーソンの方なんかも、ずっと何かの問題にぶち当たって、そのことをずっとなんとかしなくてはいけない……でも、途中であきらめてしまう人も多いじゃないですか。

やはり、うわべだけでやり取りしていると、なかなかたどりつけません。**こういうひらめきとかアイデアというのはね、ちょっと深いところにある、そういうレベルの話かもしれない。**「つくるぞ」といった気持ちも一致しないと、そのきっかけには触れることはできないでしょう。

――深いところにあるんですね。

アイデアは正しい心、プラス思考が導く縁

――アイデアを商品にしていくときにも、「心の状態」がすごく大事だと書かれていますね。

はい、そうですね。アイデアというのは、だいたいプラス思考、いいほうですよね。でも、社会にも、自分の心にもマイナス面もありますよね、プラスとマイナス、正邪、正しいことと邪（よこしま）なことと。

――よこしま。

それが入り乱れてミックスしているのが自分の考え方や行いです。でも、それも**正しい状態にあれば、いいものとの触れ合いができますよね。アイデアって、そんなものですよ。**

――世の中には正と邪、正しい心と邪の心があふれているけれども、正しいものをキャッチするためには、自分の心の状態が正しく整っていればキャッチできるということですね。

そう。キャッチというよりも、自然にそれに触れる。**縁という感じが近いかもしれません。**

――縁？

われわれの知らない世界、見えない世界で、そういうものがちゃんと作用しているわけですよ。だから、自分が正しい状態だったらいいものに触れるし、自分が怠惰でよこしまな心、自分中心の心でずっと生活していると、悪いやつばかりが自分のところに増えてきて、それと触れるんですね。

――ビジネスパーソンとしては、まず整えるべきは自分の心ということですか？

そう、そこですね。そこをしっかりしていたら、いい方向にずっと展開していきます。

――なるほど……。

はい。アイデアっていうのはね、プラス思考でないとひらめきません。だから、もとがいい

状態を保っておけば、そういう触れ合いがあり、自分の考え、何か一ついいものを考えないといけないという思いが強かったら、それに縁が触れさせてくれるのです。

――でも、どうしても社会に揉まれると汚れてきてしまうといったことがあるじゃないですか。

そうですね。

――この本のお写真を見たときに、私、この目をしていらっしゃる方に、ぜひお目にかかりたいと思ったんです。やはり、そういうふうに心根を正して、いろんな波風がきてもつねに正してこられた方の目なんですよね。

まあ、そんなことは自分自身で感じたことはないんですけどね。

人を喜ばせることに命をかける

――ところで、この「絶対にゆるまないネジ」の開発というところに、社長が命をかけて開発されたというその根源に、社長が10歳のときに発明されたある物は関係しているのですか？

ご著書に出てきますが……。

ええ、そうです。

――私は深く関係しているように思います。

そうですか。ちょうど小学校４年のときですね。まだ戦時中ですから、疎開があって、長野県に疎開してまいりましてね。そのときにおばさんが畑にずっと種をまいていらっしゃったのを見ていて。腰かがめて10メートルほど行ったら腰を伸ばして……、それをはたから見ていたら、なんとなく「もっと楽にまけないものかな」と考えまして、それでドラムの外周に等間隔に穴を開けて、コロコロと転がしたら、等間隔に種が出ますよね。

それを自分なりにブリキでつくって、試してみたら、まあ、ちょっといけた。それを大人が見てくれていて、たくさんつくってね、皆さんに差し上げたんです。

――いわゆる種まき機ですが、これを10歳で発明する、こういう柔らかい頭を持っていらっしゃるから、いまがあると思うんです。周りの方々もとても喜んでくれたわけですよね。

そうですよ。で、人が喜んだら、またうれしいわね、自分も。

――ですよね。それで、そのときに気づかれた、社長の座右の銘があるとか。ぜひ、それを教えてもらっていいですか？

そうですね。**「人を喜ばせたらまた自分のほうへ返ってくる」ということです。**この言葉そのものは大人になってから考えました。

情熱と愛情の塊が生んだノークレーム

――返ってくる、とは？

これは、たらいの水の原理かな、と……。

――お風呂で使うたらい。

ええ、お風呂のたらい。昔は洗濯するとき、たらいで水を入れてやっていましたが、その水を自分のほうにかき寄せてみると、水ですから反対側に流れていってしまいますよね。

――たらいのふちを伝って、向こうに水が流れ戻っていきます。

そうそう。自分のほうに寄せるっていうのは自分中心、欲しい、欲しい……、で欲の心です。欲をかいたら必ず向こう側に流れ出てしまう。

——はい。

欲で目がくらんでしまって、流れ出ていくのがわからなくなってしまうんです。だから、欲しい、欲しい、これはダメですね。

——自分のほうに引き寄せるのは欲なんですね。

欲です。欲はね、いいことは一切ない。で、これを逆にしなさい、と。**たらいの水を向こうに押しやってごらんということ。**

——向こう側のふちの方に、水をポーンと押すと……。

そうそう、押したら自分のほうに返ってくるじゃないですか。

——戻ってきますね。ふちを伝って。

そうそう。**押すということは、会社でいったら顧客満足といって、お客さまを喜ばせること。**そうしたら、必ず自分のほうにメリットが回ってくると、そういうしくみなんですね。

――それに気づいちゃったわけですね。

そうですね。これはね、昔、二宮尊徳も本に書いている。

――それを現場で学んで感じて……ということですね。

そうですね。まずそれが一つ。そういったことは会社の基本理念にすべて書いてあります。それで、みんなで朝、その理念を唱和して、そういう心の状態になってから仕事にたずさわるわけです。

――毎回、毎朝、心を整えてから仕事に入るということを決めていらっしゃる。

そういうことですね。やはり自分中心とか愚かな心で製品をつくりますと、製品にそういう感覚がすべて出てしまいます。

――反映してしまうんですね。正と邪でいうと、邪の心が。

そうそう。で、それがまたマーケットに行ったら、つくった本人の心がそこへ入っていくと、いい物だったらいい結果が出るし、悪かったら悪い結果に終わります。

――37年間クレームゼロって、そこが根源にあるんですね。

そうじゃないかなと思いますね、いま考えると……。

――すごいことをうかがいました。37年間クレームゼロというのもすごいことですが、その根源として、心がすべて伝わっているということなんですよね。

そうですね。まあ、そういう状況でないとね。製品は見ただけではわかりません。いい状態でつくっても悪い状態でつくっても形は一緒ですから。でも、マーケットに出たら全然違いますね。**やはりいい状態でつくった製品は、いい方々に触れてもらって、その方々が「これいいから」って、口コミでずっと広がっていきますね。**

――そうやって口コミで広がっていったハードロック工業のナット、ネジの上に、私たちは生きている。瀬戸大橋にも使われています。ご著書の裏表紙に、「本州と四国をつなぐネジ、つくっています」と書いてあります。

そうそう。

――最初、これだけ見ると「なんのこと？」と思ってしまう。

はい。

――で、「技術もそこそこ、体力もそこそこ、だけど、ワールドクラスのモノづくりができる理由公開」とご著書に書いてありますが、技術がそこそことは、とてもいえない。どうしてこんなに謙遜されるのですか？

いやいや、これはね、そんなに深い、すばらしい技術ではなくとも、ちゃんと顧客満足、お客さんに喜んでいただける製品を提供していこうという気持ちがあれば、ちゃんと世の中が受け入れてくださるということです。

――私たちが日々生活しているとき、ハードロック工業にお世話になっている、その上に乗っかっているとは誰もわかってはいないかもしれないけれども、ここまで世界に広まってきた。そして、ご著書も韓国とか中国とかでも出版された。日本の資源って、やはり脳みそだと思いますね。

そうですね。まあ、いま、ものづくりとか、機械ですべて生産して、行きつくところまで行っているでしょ。でも、足りないものがある。これは片方の車輪にしたら、両輪のバランスがとれていないのね。先ほどの正邪の峻別で申し上げたように、**正しい心で正しい形に置き換えていけば、両輪のバランスが保たれてね、行き詰まることはないんですね。**

いま、中小企業はみんな、バブル崩壊してからずっとあえいでいますよね。そこで、なんとか活路を見いだそうと一生懸命になっている。でも、同じ製品をつくって競争したって、外国から安い製品がいくらでもきますよね。

――そうですね。

それと競争しても、絶対に勝てるわけがない。でも、**品質はよくて、アイデアなどを付加すれば、そこに生きる糸口が残っているわけです。**

――だから、中小企業こそオンリーワンの商品を探せ、と書かれておられるんですね。

そうですよ。とくに大企業の方々は充実していますから、いろんな開発をしても外圧がどうやってくるかはわかっていらっしゃるけれども、中小企業は、その外圧に弱いんですね。なにかやられたら、やられっぱなしです。そこを突破していこうとするんだったら、もう、アイデアしかないですよ。

――本当ですよね。まさにこの本は、社長の情熱と愛情の塊だと思う。読んでいて、ホントにそう思いました。社長がやってきた37年間、ノークレームで、社員の皆さんも喜んで働いていらっしゃる。そしていま、この会社のあり方が多くの企業に求められている。

そうですね。まず、先ほども申したように、自分が正しい状態であったら、やることなすことがすべていいものとの触れ合いになる。すると、心配せんでもいい。

――とはいえども、やはりアイデアが必要ですよね。

そうですよ。ただし、自分の状態が正しくて、そこに前向きの姿勢・意識を強く持ち、アイデアを注ぎ込んでいくという感覚が大切です。

――注ぎ込んでいく？

そうですね、そういう愛情にも似た感覚です。

未完成の商品を活かしてオンリーワンに

――ご著書には、実際にアイデアをどうやって形にしていくかといったことも書いてあります。たとえば、どんないい商品でも売れるまでに最低2、3年はかかるとか。これ、普通はちょっと売って、すぐに結果が出ると思ってしまいます。この期間を我慢できるかどうかというのも大事なことですね。

はい。

――それと、とにかく失敗を捨てずに置いておく、と。アイデアをどんどん加えながら……。

そう。

――それで、世の中にある商品はすべて未完成だと書いていらっしゃる。

そうですね。どんな商品を見ても、「よくできているな」というふうに見たらダメでね。いろんな欠陥もあります。いわゆる60%とか70%程度の完成度で残してくださっている。その残りの未完成の部分に目をつけて、そこへ付加価値をつければいいのではないでしょうか。

――そこにプラスアルファする熱意が、オンリーワンになる。

そうですね。だから、見るもの触れるもの、アイデアの宝庫ですよ。

――これから世の中を見る目が変わっちゃいますね。

そうですね。ただ、アイデアの宝庫だと思える感覚には、すぐにはなりません。そういう感覚をずっと持続していけば、その感覚がだんだん定着して、余裕が出てきますよね。そこなんです。余裕がなかったら、やはりアイデアに結びつきません。

――遊びも必要なんですね。

そうですね。

――そうやって探求した結果が世界一と称賛されるまでに至った。そのご自身の人生を振り返って、いま、どのように思われますか？

そうですね。まあ、させていただいていることは、あたり前のことなんですね。別にこれをさせてもらって、ものすごく自分がすばらしいなんて思ったことはありません。

――そうなんですね。すべて探求途中だということですね。まだまだ先があるから、満足できないということですか？

うーん、そうですね。いろいろな方からよくやった、すばらしいといっていただけますが、自分ではなんとも思っていないんです。あたり前のことをさせてもらって、なんで、みんな褒めてくださるのかなと、そういう感じです。

――ぜひ社長の熱いまなざしと、純真で決して鼻が高くなることのない姿勢、この本もその姿勢を含めて、細かく愛情込めて書いてくださっていますので、ぜひ手にとって読んでいただきたいと思います。若林さん、今日は本当にありがとうございました。

対談後記

ものづくりの道を50年以上歩き続けると、どんな世界が見えるのだろう?

若林さんがとことん惚れる「ものづくり」の仕事は、10歳の時の種まき機が原体験になっています。

腰の痛い人を何とかして楽にしてあげたいと、邪心なく作った種まき機が人に喜びを与えた。その瞬間、心が震えた。私の作った物は人を喜ばすことができる! という身に覚えが生まれた。

心とは何か?「心は見えないからこそ、心から発してやったことで現れる現象、結果を見て、それを行った心が正しかったかどうかを判断する」と語っています。起業以来ノークレームという実績が、正しい心で行っているというその証となっています。

正邪とは何なのかを言いきることができる信念は、経験と思考の深さから生まれるものです。それを徹底するために、会社の基本理念を社員全員で毎朝唱和して、心の状態を整えてから仕事に入る。正しい心で製品を作り、正しい形に仕上げるために心のありようをどこまで腹に落とすことができるか?

経営と心というテーマで世に幾多の本が出ていて、経営者は社員教育には心が大事と理念を掲げます。しかし、本当に理念が腹に落ちていなければお客様は簡単に見抜く。

この理念唱和は声を合わせていくと同時に呼吸も合わせ、立場問わず社長も社員も一体化させていくのだと思います。ゆるまないネジのように、ゆるまない信念が世界を驚かす商品を作り出したことは間違いありません。

(山口佐貴子)

ブライダルファッションデザイナー

桂由美

Yumi Katsura

出会いとチャンスの軌跡

（カナリア書房刊）

(かつら・ゆみ) 東京生まれ。共立女子大卒業後、パリへ留学。
1964年、日本初のブライダル総合専門店をオープン。その後、日本初のブライダルコレクションショーを開催、以降毎年開催。69年、ブライダルプロデューサー、コーディネーター、コンサルタントの養成のため『全日本ブライダル協会』を設立。 Newsweek『世界が認めた日本人女性100人』の一人に皇太子妃・雅子妃殿下はじめ、緒方貞子さん、黒柳徹子さんらとともに選出される。また、全米ブライダルコンサルタント協会より世界で４名しかいない名誉会員を推挙。新しく設立されたアジア・クチュール協会の創立メンバーの一人に選出された。

——いつもテレビで拝見する桂先生が目の前にいるかと思うと、私もドキドキしてうれしくなってしまいます。ホントにありがとうございます。

（桂）とんでもないことです。

——先生のプロフィール、ひとりの女性が会社を運営しながら結婚をして歩んでくる道としたら、ずいぶんと大変だったのではないかと思いますが、この四十数年間を振り返られて、どんなお気持ちでらっしゃいますか。思い悩むときとか、決断に迷いがあるときとか……。

そうですね、私はよく『風と共に去りぬ』のスカーレット・オハラは、血液型はB型じゃないかと言うんですね。つらいことや苦しいことは必ず起きるんですけど、それを上手に避けて通る。または早く片付けてすっきりする。そして、もっと**前向きのこと、楽しいこと、希望の持てること、そっちへ気持ちを向けるようにする**。でも夜疲れた時に大事な判断をしないようにしています。

スカーレット・オハラのセリフのなかに「明日考えよう」という言葉がある。きょう考えるのをやめようって言うんですけど、私もなるべくそう考えるようにしています。

ビジネスパートナーは「同志」

――私もそういうとき、あります。でも、桂先生でもそんなことがあるんですか？

ええ。疲れた日の夜はどうしてもネガティブな判断をしてしまいがちです。「ちょっと、費用のかかることはやめておこう」とか。

でも、**同じことを翌日の朝に考えるとわりあいポジティブな結論が出るんですよ**。

社員がいつも夜、10～20冊ぐらいノートを出すんですね。そのノートにコメントを書くんですが、夜に「やめておきましょう」と書いたコメントを朝に書き直すことがよくある。

――夜出した答えも、朝考え直すとポジティブな結論にたどり着ける、と。

そうです。「いや、これやってみましょう、少しぐらい大変でも」とね。ですから、大事な決断は朝するようにしていますね。

――そうなんですね。毎晩、社員の方から出るものに対してお返事をけっこうお時間かけてお書きになるとおっしゃっていましたよね。

そうですね、報告を受けることもあるし、それから、こちらから返事をしなきゃいけないこともある。とくに文章を直してくれなんていうのは時間かかりますよね。

――たしかに。夜、考えるというのはやはり、お疲れになっているところで考えると創造的な考えに至りにくいということがあるのですね。先生も、これだけ長い間、仕事をやってらっしゃっても……。

ありますね。クタクタにくたびれて帰ってね、そしたら、もうそんな大変なことはやめておこうとか、避けて通ろうとか思うじゃないですか。

――ホントですね。朝、考えるということが、先生が日々生活のなかでリズムとなっていらっしゃる。でも、どのように毎日たくさんのエネルギーを使ってこれだけのことをやって……、どうしたらできるのだろうと思います。邁進力がまったく違うということでしょうか。

そうですね、私は小さいときからそういう生活に慣れてきたから平気なんですね。考えてみると、朝早くパリから電話が掛かってくるとか、それから、ニューヨークとやりとりして、北京とか上海とかから連絡が入って……といったこともあるんですよ。

そのほかにブライダル協会の仕事などもあります。うちの会社のことだけではないので。頭の切り替えがすごく大事ですね。デザインやコーディネートなど、美的なこと、あるいは文章などに関連する判断も必要だし、もちろんビジネス的にどうかということも考えないといけない場合もありますし……。

――ホントですよね。

社員の提案でもどれくらいの費用をかけてやろうと思うのか、予算を抑えたいと思うのか、とかもありますよね。だから、ものすごく頭のなかが分かれています。

――お仕事なさっている最中でも、美的センスを開花させてやる部分と、経営やビジネスに関する部分がわかれている、と。左脳と右脳といったらいいのかも知れませんが、わりとはっきり分かれてらっしゃるものなんですか？

そうなんでしょうね、自分ではよくわからないのですけど。

――どちらかというとデザイナーの方というのは経営に向いてないということも往々にしてあるのではないかと思うんです。

そう、だからあんまり向いてないんですよ、私、経営には。

――そうなんですか？

だから、なるべく経営のベテランの人と手を結ぶ、コラボするということをしていますね。

――これだけ日本全国にフランチャイズをお持ちで、海外とも手を組まれて、となると、それだけでも下手に細やかになりすぎてしまうと怖くてできなかったりするのではないかとも思うのですが、先生はそれぞれにプロの方を信頼して任せていらっしゃる。

そうですね。プロの方にお任せできる部分は任せる。ただし「ここだけははずしては困る」

といったところ……たとえば海外ショーの時など、「私のためじゃないのよ、日本のためよ」といったことはみんなに伝えていますね。

――ほう。

そうしたらね、「あ、そんな小さなことじゃなくて、日本のために頑張らなきゃいけない」とみんな思うじゃないですか。だから、そういう**大義名分をはっきりと示すということですよね。そして、それに反する行動はしない。**

――では、それが、先生が本当に信頼できる社員、信頼できる取引先をずっと築いていらっしゃったということにつながる。

そうです。だから、私は**同志という言葉をいつも使います。**

――同志？

上下の関係じゃないんですよね。

——ははぁ……なるほど。

だから、平気でいろいろなことを皆さんに要望できるわけですよ。

——大胆な要望もできる、というわけですね。

ボランティアでやってください、とかね。以前に東日本大震災で結婚式をできなかった方々に結婚式をプレゼントしてあげたとき、北乃きいさんが東北の釜石まで来て歌ってくれました。

——歌を？

これ、ボランティアです。

——ボランティア？

そう、ギャラが全然ないのよって言ったら「ええ、もちろんです」「私、行きます」と言ってくれたんですよ。

――うれしいですね。

うれしいですよね。だから、そういうことも平気でいえる。

――すごい！

そう、「ギャラなしよ」というようなことをどうしていえるかといったら、別に私のために北乃さんにお願いしているわけではなくて、ぜひ被災者の皆さんを元気づけて、ひいてはやはり日本を前向きにするためでしょ？　だから……私、社員の人たちにいうときも、いつも平気で大きな声を出しますし。「それじゃダメじゃないの！」って。大義名分に反していることで、私は怒っているので、それに沿っていたら……。

――大丈夫。

そう、怒られた社員もそこは理解しています。

——そうなんですね。社員としては、社長が何を軸に考えていらっしゃるのかわかっていれば、社長がそばにいなくても判断できる、わかるということですものね。

そうそう。そうしなかったらこれだけのことはできませんよ。

——できないです、たしかに。意外にそれを忘れている経営者がいるかもしれませんね。個人の欲で経営する経営者って、少なからずいますからね。

そうでしょ？

——そう思います。

個人の欲で経営すると思うと、たぶんちょっと後ろめたいとか、そういうこともあるんじゃないかな。

——ありますね。

私なんかそんなことはまったくないから、もう堂々と言いますね。

母親ゆずりの仕事師

――日本初のブライダルサロンのオープンが1964年、名称をブライダルハウスに変え乃木坂に移ったのが1975年。この、桂由美先生のブライダルハウスという素晴らしい建物に、私もタクシーに乗っていて目を奪われた記憶があります。だけどびっくりしたのは、先生は仕事を始められてから10年間、ほとんど報酬なしで動かれたと……。

そうですね。でも、それでは生きていけませんから、月水金に、母の経営する洋裁学校に教えに行っていました。

――お母さまのなさっていた学校で？

午前組、午後組、夜間組、3クラスを受け持って……。

――学校で教鞭をとられていらっしゃったということですよね。

そうですね。夜9時に終わるんですよ。で、帰ってくると10時でしょ。それから夕食をとっていました。

――ほんとにエネルギッシュに、そこまで自分の大義名分にまっすぐ進むことができる先生の力の源泉はどこからきていらっしゃるんですか？

うーん、いつもそれを聞かれるんですけど、たぶんDNAじゃないですか。

――お母さまの？

うちの母もそうだったから、自然にそんなのあたり前、みたいな。

――あたり前の強さですか？

母は洋裁学校を経営して、ほんとに生徒のため、父兄のため、地元のため、年中、仕事をしていました。だから私たち、よく文句を言っていたんですよね。「なんだか全然お母さんじゃない」と。いつも校長先生という感じで見ていましたし。私も妹も生徒の一員という感じですよね。

――自分の母親なのに校長先生という目で見ていたということですよね。

そうです。寄宿生と一緒の、自分もその一員というような暮らしをしていたんですね。

――常に仕事をするときのリズムというかビートに埋もれながら、というか埋め込まれている感じなんですか？

そうですね。似ているんですね、私と母が。皆さん、そっくりだっておっしゃいます。

――苦労を厭わない仕事への姿勢が、まさにいま、これだけ広い領域にまで広がっていらっしゃるということですね。

そう、だからお客さまでも、花嫁さんが悲しい顔をしていると私も悲しくなるんですよ。み

んな喜んでくれるとホントに自分もうれしい。だから、釜石のボランティアでも舞い上がってしまいましたけどね。

――うれしくて。

日本のブライダルファッションデザイナーにしかできないこと

――先生が先ほどからおっしゃっているのは、東日本大震災の被災地の復興支援活動のことですよね。それを始めようと思われたきっかけは？

阪神淡路大震災のときに、レストランを持っている神戸の友人から「結婚式を挙げられなかった人がたくさんいるのよ。なんか二人でできないかなぁ」と電話がかかってきたんです。それがそもそものきっかけでした。

阪神淡路大震災のときに結婚式を挙げた15組の方が、いまでもお礼状をくださるんですね。ホントにあの結婚式がなかったら、私たちには記念になる写真も何もないし、子どもたちに話せることが何もなかった、と。いま、あのおかげで子どもたちに自分の晴れ姿を見せられるし、ホントに心に残るアルバムができましたと、皆さんいってくださるので。

「それだったら私も役に立つかな」と思いましたね。

中越地震のときはもう私から「時機を見てやりましょう」といって、これは11組に挙げていただきました。
ところが、東日本大震災は範囲が広いですよね。

――広いですね。

震災が起きたときにやはり、日本人は皆、思ったはずです。「何か役に立つことがあったら、被災地に飛んでいきたい」と。何か自分たちもできないだろうかと思った人はたくさんいると思うんですよね。

私もその一人だったのですが、ラーメンのようなものもつくれないし、お寿司を握ってあげるわけにもいかないし、瓦礫の山を片づけるといったって全然、労働力ないですしね。もう、しばらく「何かできないか」と考えていて、やはりこれしかないな、と。

そうしたら「先生、東北の冬はね、厳しくてわびしくて、とても……。やっていただけるならいまのうち、夏の、日が長いうちにやってください」と電話がかかってきたんです。私は「震災の翌年くらいかな、皆さんがそういう気持ちになるのは……」と思っていたのですが。

――これは、いつなさったんでしたっけ?

震災のあった年の7月3日の釜石が最初ですね。それから大洗、仙台と……。

――地域を変えて……。仙台では何組ぐらいの方が？

10組ですね。

――そこに、先ほどの北乃きいさんも？

それは釜石のときね。

――それは自分たちでやる結婚式より何倍も大きな思い出ですね。

そうですね。だから、私は結婚指輪をプレゼントしてあげたらどうかと思ったんですよ。で、式を私たちがやってあげることと、衣装はうちのフランチャイズが皆さんのお世話をする、と。そして、結婚指輪をプレゼントしてあげたら式としては立派にできるから……、と。そして私は司式者を務めました。

そうしたら、だんだん、いろいろな協力者が出てこられて。フラワーデザイナーの方が集まってものすごい花をたくさん活けてくださったし、バルーンの会社が空へ飛ばすバルーンを寄贈してくれたり、地元の製菓学校の生徒さんたちがそれぞれウエディングケーキをつくって寄付してくれたり。もう、みんなボランティアで。北乃さんもそうですしね。

――そうですね。苦しみ、悲しみのあと、それを跳ね返すようなお祝いというのはたぶん、そばで見ていらっしゃった方たちにもすごい勇気になったと思います。

それが「市民結婚式」につながったと思っているんですよ。これが本当の市民結婚式だと。

――その市民結婚式というのは、先生はどんな活動と捉えていらっしゃるんですか。

なんらかの意味で市民が関わる、市民参加型ということでしょうか。

――市民参加型の結婚式。

国定公園とか、お城とか、多くの市民が集まる場所でいままで結婚式ができなかったところを開放してもらって結婚式を挙げるのです。釜石も「鉄の歴史館」でしたし、それから大洗も水族館でしたし。そういうところで挙式して市民がお祝いの言葉を投げかけてくれて。よく、海外で結婚式をやった人たちがみんな感動して帰ってくるでしょ。観光客とかその土地の人とか全然関係ない人が……。

――お祝いしてくれますね。

ブラボー！　コングラチュレーショーン！　って声をかけてくれて、車のクラクションを鳴らして祝ってくれる。それが一番うれしくて、「あの感動が忘れられません」という人も多いから、「日本国内の結婚式だってそういう感動がありますよ！」ということですね。

日本のウエディングの本道をいく挑戦

――日本では、なぜ町を挙げて結婚の感動に包まれることがなくなってしまったのでしょうか？

第一に、家から花嫁支度をして出発すること。それをしないからなんですよね。

――たしかに。

ホテルや結婚式場で結婚式を挙げるので、そこまでは普段着でやってくるでしょう。そこで着替えてたった数十人の列席者にだけ晴れ姿を見せて、また普段着に着替えて出てくるわけだから、町なかで新郎新婦の姿を目にすることはほとんどない。

――見ないですね。

とくに子どもたちがそれを目にすることがなくなった。

――なくなってしまいましたね。

私たちがこどものころは、みんな町なかで花嫁さんを見かけて、今日はいい日だったねとかね……。

――見ましたよね。

ちょっとお菓子を配ってもらったりしてね。いつの間にか、そういう市民参加型というのはなくなってしまった。

いま私が提唱しているウエディングというのは、家から支度をして出発しましょう、ということ。それで近所の人に挨拶するのでもいいし、あるいはどこかに立ち寄って撮影会でもやって、カメラを向けていれば、みんなが「おめでとうございます！」と声をかけてくれる。それで、できるだけ大勢の人に晴れ姿を見てもらって、それから式場へ行かれたらどうですか？と。

――そのときに「おめでとう」と言ってくれる、見ず知らずの人の声というのは、人間としてつながっていることを自覚させてくれますものね。

そうそう。だから、被災された方の結婚式もそうですけど、当事者と市民が一つになるんですね。そういうチャンスってないじゃないですか。ですから、**「ぜひ、結婚式は家から、また、できるだけ大勢の人に祝ってもらってから出発しましょう」**と伝えています。

――先生の提案としてはこれからですが、私の母の結婚式のころは、それが普通だったんですよね。

そうですよね。もっと考えてみると、ヨーロッパやアメリカでも、みんな家から支度して出発していますね。

――いまもですか？

そうですよ。ホテルとかで挙げる人はもちろん皆無ではないですよ。だけど、だいたい7、

8割方はね、みんな家で支度して出発していますね。

――儀式として分断されてしまった、商業ベースに乗っかってしまったということですね。

そうです。

――いっぱいお祝いしてくれるんだったら、そのほうがよかったと、いまになって思います。自分の子どもたちにはそうさせてあげたいなと思いますもの。私、桂先生のウエディングドレスを着たら、もし、そういうことが私に起こったら、幸せになる義務があるような感じがします。それは、いい意味での負けちゃいけないという気持ち、添い遂げるぞ！　愛を貫かなきゃっていう……。

それは震災で被災された方も皆さんそうおっしゃっていましたね。

――その気持ちは、なんなのでしょうか？

これだけのことをやってもらって、「幸せにならなきゃいけない義務がある」と話していました。おっしゃるように。

――皆さん同じ気持ちなんですね。私は先生のウエディングドレスを見ているだけで、もし、それを着られたら、そう思ってしまうだろうなと思います。

そうだとうれしいですね。

――それは、ほんとに大義名分というところにフォーカスされて仕事を貫いていらっしゃった先生の何かがドレスからにじみ出ているのかもしれないですね。

そうなりたいですね。

出会いの場をつくり、探し方上手に

——先生が市民結婚式とか、先ほどの被災地の支援をされて、「たくさんのスタッフの皆さまに祝っていただき、本当にありがとうございました」「温かい家庭を築いていけるよう努力していきます」といったお手紙がたくさん届いていらっしゃる。結婚ってすごくいいものです。これが日本に、もっともっと増えるといいですよね。

そうですね。いま日本には毎年、約72万カップルが誕生しているのですけど、その数字はほとんど変わらないんですね。離婚も増えて、再婚とか三婚という人もいるわけです。だから72万を保っているのですが、初婚の人だけを見たら、どんどん減っているんですね。そのうえ、少子化になっているわけでしょ。どうですかね、50年経つと日本の人口も1億人ぐらいになってしまうのではないですか。

——減るといわれていますね。先生、私の周りにもじつはすごく多いのですが、もし結婚を迷っていらっしゃる方が身近にいて、ひと言、背中を押してあげるとしたら、どんな言葉をかけてあげますか？

そうですね、なぜ結婚しないのかという理由で一番多いのが、理想の人が見つからない、あるいは、考えているような人に出会えないということですけれども、「赤い糸で結ばれている人は必ずいる」と話しているんですよ。探し方が足りないだけなんです。だから、いろんな場所にやはり出なきゃいけない。婚活もいいことですけど、婚活だけではなくてね。

日本は、やはりパーティーが少ないような気がしますね。アメリカなんかは週末になったら必ずどこかから声がかかってくる。もっともっと出会いの場を増やすことが大切だと思います。

――出会いの場に出向くこと。そして、一生懸命になって探すこと。

そうです、そうです。

――探すことですね。

それから、意思表示もすること。

――はい。そうやって先生も理想の男性をつかんだんですものね！

そうですね。

――先生のお話をうかがっていると、ジーンと体があたたかくなってくる感じです。本当にありがとうございました。

対談後記

ダイナミックな仕事の熱量に人は巻き込まれていく

「私のためじゃないのよ、日本のためよ」と、信念を貫き一つの道を歩み続けてきた桂さん。作品を拝見していると、何十年前のドレスも眼を見張るような斬新さと新鮮さに女性はくぎづけになると思います。パリコレクションに登場するブランドであっても、ウエディングドレスは多くの服の一部として存在しているだけで、桂さんはそれに特化して第一線で活躍されている世界でも稀なデザイナーです。

唯一無二の存在をどう作り上げていったのか？　ヴィジョンを持ち、母親ゆずりの働きぶりで、大変なことでも「そんなの当たり前」と自らハードルを上げていく仕事の姿勢で周りの人にも仕事の情熱を伝播させていったのです。

花嫁さんには幸せでいて欲しいと願う母のような気持ち、そして結婚相手を探すためには積極的に行動しましょうと促す父のような気持ちを併せ持っている抜群のバランス感覚は仕事にも活かされ、デザイナー、プロデューサー、経営者など、役割を分けたらきりがないほどです。すべてに目を配る、だからこそ一貫性のあるブランド創りが叶うのです。

女性として生まれた喜びを花嫁は最大限に享受し、その後の人生の苦難を乗り越える糧になるドレス。人生の晴れ舞台に桂さんの願いがこもった衣装をまとった女性は、その志を受け取ると思うほど、ポリシー溢れる仕事を目の当たりにしました。

（山口佐貴子）

筑波大学名誉教授

村上和雄

Kazuo Murakami

スイッチ・オンの生き方

——遺伝子が目覚めれば、人生が変わる

（致知出版社刊）

(むらかみ・かずお) 1936年奈良県生まれ。筑波大学名誉教授。

1963年京都大学大学院農学研究科博士課程修了。その後、米国オレゴン医科大学研究員、バンダービルト大学医学部助教授を経て、1978年から筑波大学教授。現在は、(財) 国際科学振興財団バイオ研究所所長。1983年、「ヒトレニン」の全遺伝情報の暗号読み取りに世界に先駆けて成功。以降、バイオテクノロジー分野の研究で世界の注目を集める。1996年、日本学士院賞受賞。主な著書に、『遺伝子が語る「命の物語」』(くもん出版)、『生命の暗号』、『遺伝子オンで生きる』(ともにサンマーク出版)、『運命の暗号』(幻冬舎)、『スイッチ・オンの生き方』(致知出版社) などがある。

――遺伝子はいま、なにかと注目されている分野です。先生は、「笑いと遺伝子」など、そういう部分も最近は研究されているんですよね。

（村上）そうですね。これまで、遺伝子の研究をやってきて、最近、間違いないなと思い始めたことは、**遺伝子というのは固定的ではない、ダイナミックであるということです。**

遺伝子は、一般的には非常に固定的なイメージがありますよね。たとえば、私たちは親から遺伝子をもらう。だから私どもの顔が親に似るのは、親の遺伝子をもらったからだと。

――そうですね。

才能ももらう可能性がありますね。

――はい。

だからまあ、親があの程度だからしかたないか……というように、わりあい固定的に考えていますが、最近わかり始めた非常におもしろいことは、もっとダイナミックに遺伝子は動いているということなんです。

――ダイナミックというと？

たとえば、遺伝子は体のなかで、一刻の休みもなく正確に働いているんですよ。

――遺伝子の働きというのは、何かをしているわけですか？

そうです。体を動かしているんです。

身体の設計図を解読する

――村上さんは、今まで遺伝子に関してたくさんの本、生き方の本も出されています。1936年1月にお生まれになられて、大学は京都大学。それから外国に行かれたりもされて、一番有名なのが、93年に高血圧の黒幕であるレニンの遺伝子解読に成功されたということ。これが、世界に一躍、村上さんの名前を馳せたことだと思うのですけれども、その村上さんの新たな確証が、遺伝子はダイナミックに動いているということですか？

そうですね。

――それが、この『スイッチ・オンの生き方』という本にもまとめられている。この本は、これまでの村上さんのすべての経験知がギュッと詰まった1冊だと聞いています。ところで、その「体を動かしている」ということは、どういうことなのでしょうか？

体の設計図であるということですね。毎日、私たちの体は新陳代謝によって変わっています

が、それのもとの設計図を持っているわけです。たとえば、どんなホルモンをつくりなさい、どんなタンパクをつくりなさいという情報が書いてある。だから、それは遺伝子の指図どおりに体が動いているということになる。そうすると**遺伝子の働きは非常に、人間の生活とか考え方とか生き方と関係しているわけです。**

――私たちは、無意識に胃を動かしたり、酵素が出たりとかもやっていますよね。それも、すべて遺伝子が握ってやってくれている。

基本的にはそうなっています。

――脳みそみたいなものですか？　それとも、また違うものですか。

う〜ん、まあ、むずかしいんですけど、少なくとも体のなかの指令を出している、簡単にいえば設計図です。

そして、その設計図はただ置いてあるだけではなくて、その設計図どおりに、毎日、活動が行われている。だから生き方と非常に関係があるのです。しかも、おもしろいのはオンとオフを切り替えているということがわかり出したのです。

――遺伝子自体がオンとオフを、みずからスイッチを切り替えているわけですか。それはどういうことでしょうか？

要するにフル稼働していないんですよ、遺伝子は。非常に余裕があるわけです。

――遊んでいる？

あるいは余裕を持っているということです。それで、環境などによって、スイッチがオンになったりオフになったりする。たとえば、運動によってもオンになります。

――どのように？

たとえば、筋肉がモリモリつくということは、筋肉タンパク質が出てくるということですよね。それは筋肉タンパク質をつくる遺伝子のスイッチが入っているということです。

――では、そのスイッチを入れられれば、貧弱な腕も筋肉ムキムキになったりするのですか？

可能性がありますね。ですから、トレーニングをするというのはスイッチを入れるということです。それから食べ物もそうですね。多くの食べ物は、遺伝子のオンとオフに関係します。

――それはどういうことですか？

ビタミン剤、ほとんどのビタミンはオンとオフに関係しているということです。

――ビタミン、ミネラルもということですか？

そうですね。

――どういう栄養素を取り入れるかによって、自分の可能性が開くかどうかも違ってしまうということですか？

それは違います。栄養素ではなく、食べ物によって変わるのです。

吉本興業と進めた「笑い」の探究

人間は心を持っているでしょ。どこにあるのかよくわからないけど、心はある。そうすると、心も遺伝子のオンとオフに影響を与えるんじゃないかと思い始めたんですよ。

——それは科学者としては非常におもしろい着眼点では？

ええ。お医者さんはストレスが加わると病気が悪くなると言いますよね。たとえば、糖尿病患者さんはストレスがかかると、さらに血糖値が上がる。だからストレスというのは悪いということになっています。

——たしかにそうですね。

しかし私は医者ではない。悪いストレスがあるんだったら、いいストレスというのがあるはずだと。それで悪いストレスで血糖値が上がるんだったら、いいストレスをかけたら血糖値が下がるかもしれないと。そう考えていたときに、吉本興業の社長に会うんですよ。

――このあたりが神業レベルですよね！

まあ、神業ではないけれど、笑うと気持ちが陽気になって楽しくなるから、これはいいストレスになるかもしれない。よし、少しそれを研究してみようと思ったら、みごとに下がったんですよ。笑いで。

――血糖値が下がるんですか。

正確には血糖値が上がるのを抑えられるのです。

――上がらなくてすむ。

はい。

――それは画期的なことですね。笑っていればいいんですか。腹から笑えば？

できれば、ね。でも、うすら笑いでもいい。笑いの程度によっても違う。だから、つまらない興行を観ると血糖値が上がるんですよ（笑）。

――上がる。あ、それはもう、まさに悪いストレス？

血糖値といえば、食後にとくに上がるわけですよね。

ええ、とくに糖尿病患者さんはね。

――じゃあ、ご飯を食べながらでも、いつでも笑っているというのは……。

いい状態。

――ということですよね。

はい。それで、血糖値が下がるのだから、体のなかで変化が起こっていることはわかる。すると、遺伝子のオンとオフに影響があるかどうかというのを調べているのです。

――笑いが、オンとオフのスイッチを入れ替えてくれる？

そう、入れ替える。それで、私たちのグループから、「笑い博士」が誕生しました。笑いによって、どの遺伝子のスイッチがオンになって、どの遺伝子がオフになるかという学位論文を書いた。それで博士号を受けたんです。

――それはすごい。でも、こういっては何ですが、反響はどうなんでしょうか？

「意外だ」というものが多かったですね。最初に「笑いによって糖尿病患者さんの血糖値が下がる」と糖尿病患者さんに相談に行ったらね、「多くのまともなお医者さんは、そんなアホみたいな実験はしません」と笑われた。私たちはまともじゃなかったわけです。「アホやな」といわれていたみたいですね。

――『アホは神の望み』という本もあるんですよね。そうなると、もう脱力してしまいます。

しかし、アメリカの新聞とかロイター通信で取り上げられて、世界中の人が知ることとなった。

――たしかに柔和な顔でいる人には、話しかけやすかったりもしますよね。

もちろんそうですね。副作用もないしね。

医療、命の解明に命をかける

――遺伝子のスイッチのオン・オフというお話、とても興味があるのですが、遺伝子自体がスイッチをオンにしたり、オフにしたりする。では、オフにしたほうがいいときというのはどんなときでしょうか？

病気の遺伝子はスイッチをオフにすればいいわけです。

――それはそうですよね。

私たちはがん遺伝子を持っているし、高血圧の遺伝子も持っているし、糖尿病の遺伝子も持っているわけです。それがオフになれば、発病しないわけです。

――私もすべて病気の要素を持っているということですか？ それにスイッチが入るかどうかだけなんですね。

そうです。それが、環境因子。たとえば、どんなところに住んでいるか、どんなものを食べているか、どんなストレスを受けているかなどの環境因子によってスイッチが入ったり切れたりするのです。

――では、一度、がんにスイッチが入っても、がんを切除して治った人などは、一応スイッチがオフになっているかもしれない……。

がんの遺伝子の場合は、がんになる遺伝子と、がんを抑える遺伝子と両方を持っているわけですよ。

――摩訶不思議ですね。

そうでしょ、みごとでしょ。それで、スイッチのオンとオフ。オンというのは遺伝子が働き出すということです。オフは働きをやめるということ。それがいま、測定できるんですよ。どの遺伝子がどの程度オンになっているかとか……。

――それが、あと何年後かに何十万円ぐらいかで読めるように？

10万円で、自分の遺伝子暗号がすべてわかる可能性があります。いまから7年ぐらい前に遺伝子のすべてを1000億円ぐらいかけて解明して、それがこれから10年くらいで、10万円くらいで読めるように進歩してきたわけです。

――それができると、何が起こるんでしょう？

もし必要なら、その自分の情報をカセットに入れて、それを病院に持っていくと、お医者さんはそれを見ながら「あなたはこの薬がいいですね」と処方する。

――すごい科学の進化ですね。

「この治療法がいいですね」と、オーダーメイドの医療をしますよね。

――「ちょっと気をつけてくださいね。この遺伝子にスイッチが入りかけていますよ」ということもできるんですね。たとえば、糖尿病遺伝子にスイッチが入りかけているとか。

大前提として、そういう遺伝子を持っているかどうかということはあります。それと、その遺伝子のオンとオフがどの程度ということも測ることができる。もう本当に地球を飛び出した宇宙旅行者のような驚きで、壮大な話なんですけれども。そして、それは治療だけじゃなくて、予防にもなりますね。

――たしかに。予防ができたらすばらしいですね。

たとえば、喫煙して肺がんになる人がいます。でも、タバコを吸ってもがんにならない人もたくさんいますよね。

なぜ、ならないのかということが遺伝子の暗号でわかるようになります。あなたはタバコを吸うと肺がんになる確率が高い、こちらの人は他人に迷惑をかけなければ、あまり関係がないですといった治療、診断ができる可能性があります。

――そうなるとこれまで出てきたいろんな理論が、一気にひっくり返るということも？

可能性がありますね。

――とうとう生命の謎が明かされるという感じですね。

いや、なかなかそこまで行かないです。

――先は長い。

はい。

――村上さん、お弟子さんをいっぱい育てておかないといけませんね。

先はもう、エンドレスです。

誤差にとらわれない陽気な心

――まさにエンドレスですね。いま、そのエンドレスで遺伝子は解明されていくというお話でしたが、『こころと遺伝子』というご著書もあるように、遺伝子を解明していくと心の使い方がわかる。そういうことでよろしいのでしょうか？

ええ。その遺伝子の働きが、心の働きに大きく関係しているということです。たとえば、非常に好奇心の強い人と弱い人がいますね。何が違うのかというと、どうも遺伝子の配列が違うらしいんです。

――え、そんなに違うんですか？

性格もある程度、関係しています。

――遺伝子の配列が個人個人で違っている？

はい。

――その並び方によって心の働きが違うんですか？

違う。それは、統計的にそうですね。いま、その遺伝子の並び方によって、ある程度は性格といったものが決定されるということが、わかり始めているんですよ。

――では、もしかしたら、何年後かには、「あなたの性格はこうなりますよ」ということが遺伝子から読めるということですか？

はい、ある程度は。ただし、それは一方通行ではなくて、心の持ち方も遺伝子の働きに影響を与える。お互いに影響を及ぼしあっているんです。一方通行ではない。

――いい遺伝子にスイッチ・オンをさせるために、いい心の持ち方というのは、何かありますか？

私の考えでは、要するに「陽気な心」ですよ。

――陽気な心？

はい。楽しいとかうれしいとか、喜ぶとか、感動とか、感謝するとか。いきいき若くするとか。たとえば、恋をすることですよ。

――村上さん、恋をされていますか？

していますよ、もちろん。何に恋してもいいのだけれど、やはり何かいきいきすることをやることが大切ですね。

そういう心を陽気な心というのですが、**陽気な心はいい遺伝子をスイッチ・オンにして、不安とか悩みとか恐怖といった陰気な心は、悪い遺伝子をスイッチ・オンにするというのが、私の仮説です。**

――その仮説について一つお聞きしたいのですが、やはり科学者として長い間、地道に研究なさってきた村上さんにとって、この仮説はダメなんじゃないかと思うときもあったのではありませんか？

研究が、ということ？　それはいっぱいあります。

――そういう時代は、人生、誰でもあると思うんです。そういうときに、どうしたら自分をいきいき、ワクワクさせることができるのか。村上さん流といったやり方はありませんか？

たとえば、私の遺伝子は、たどっていくと38億年前にさかのぼるんですよ。

――それって地球の誕生ですか？

地球ではなくて、生物の誕生ですね。

――生物の誕生。

つまり、私たちの遺伝子は38億年間、続いてきたんですよ。一度も途切れていない。すごいでしょ。ノーミス、ノーアクシデントですよ。

――すごいですね。

それでね、38億年かかって生まれているのだから、もう生まれただけですごいことで、奇跡的な存在です。だいたい細胞1個が偶然に生まれるのは、どれぐらいありがたいことかといいますとね、ジャンボ宝くじを買って1億円が当たりますね。

――はい。

それが最低、100万回、連続当選したようなありがたいことが起こって……、それぐらいの奇跡が起こらないと、細胞は偶然に生まれないんですよ。

――私の命が生まれたということが、そのぐらい価値がある。

そう。細胞1個が生まれるのが、そのくらいの価値があること。それが60兆個もあるということです。想像できないほど貴重な存在というか、奇跡的な存在。だから少々、出来がいいとか悪いとかね、そんなことは誤差の範囲。

――ほっとしますね。

私たちはいま、誤差の範囲で気にしたり、人と比べたりしている。だからダメなんですよ。誤差で比べてはダメですよ。

「サムシング・グレート」は人間に期待している

――私が感動したのが、「サムシング・グレート」という言葉です。これは神とか仏と訳したらいいのか……。

訳さないんですよ。

――はい。「そのサムシング・グレートは、人間に期待している部分があると思う」ということです。「サルにできないことをやってくれ」と書いてあったところが、もう脱帽でした。「サルにはできないことをやってくれ」といわれたから、私の遺伝子がオンになったんですね。

なるほど。

――でも、人間の特徴として、「笑う」ということがあると思いますが、人間以外の生き物で笑う生き物がいるって本当ですか？

私たちは笑うネズミをつくろうと思って、この3年ぐらい努力してきました。そして、1年半ぐらい前にできたという論文を発表したんです。

――ホントに笑ったんですか？

そこが問題なんです。

――何か落語を聞いている気分になってきました。

いやいや、ネズミに聞いてみないと。どうやってつくるかというと、ネズミをこしょこしょと、くすぐるんです。するとネズミが、ネズミ語で「気持ちがいいなあ」っていうんですよ。ホントです。人間には聞こえない、50キロヘルツという超音波を出すんです。

――超音波を出すんですか？

超音波の50キロヘルツ。

――それは不快のストレスのほうじゃなくて、快のストレスのほうで。

快のストレスですね。それで、気持ちが悪いと20キロヘルツに落ちるんですよ。だからそれを測っているのです。

――じゃあ、それもちょうどこそばゆいぐらいにくすぐった人の勝ちですね。やりすぎたら嫌ですもんね。

そうそう。それに、私はあまり仕事をやっていないから、私がくすぐってもダメなんです。

――やはり経験豊かな……。

オスのネズミは、若くてきれいな人にくすぐられると、よけい気持ちがいい。いや、ホントにまじめにやっているんですよ。

なぜ、そんなことをやっているかというと、笑いと遺伝子の研究をやっていると、人間ではできることに限界があるからです。その研究で何を測っているのかというと、白血球の遺伝子のオンとオフを測っているわけです。しかし、本当に測りたいのは、脳の中の遺伝子のオンとオフです。笑いはその刺激がまず脳に入っているはずですからね。

――たしかに。

それで、人間ではいまのところ測れないから、ネズミを使っているわけです。笑うネズミの脳のどの部分の遺伝子のスイッチがオンになった、オフになったという実験を開始して、第一歩が成功しましたから、あと2、3年経ったら、また、笑うネズミで博士が出るんですよ。

――また誕生ですか？

はい。笑うネズミの博士が出ます。ただ、これが人間の笑いとは違うというのも、少しもの足りない面もある。しかし、哺乳動物の持っている50キロヘルツという音を出すということが、笑いの一番、源にあるといわれているんです。そういうものが。快感情ですね。

――快適な快の感情ですね。

気持ちがいい。

――そう。たとえば、ペア、つがいで成り立っている鳥とかも相手を選んでいるわけですよね。ペアを組むとき、つがいになるとき、「あなた、嫌よ。この相手がいい」と、あれも快感情で選んでいるわけですね。

ネズミに聞いてください（笑）。まあ、確実に好き嫌いはある。

――すると、はやる夜の店みたいなものもわかるかもしれないですよね。それによってストレスを回避して、また仕事を頑張れる将来のお父さんがどのくらいいるか、とか……。でも、そうなると人間の行動が遺伝子の配列とも関係し、スイッチをオンにするかしないかだと思うと、科学というものがすごく身近になってきますね。

そうですね。それから、先ほどのサムシング・グレートのことですが、遺伝子の暗号を読んでいるとね、まさに、大百科事典なんですよね。

――遺伝子そのものが、ですか？

体の設計図を持っていて、だいたい大百科事典が３２００冊ぐらいの情報量なんですよ。

――大百科事典の1冊の厚さは何センチぐらいだと思えばよろしいのでしょうか？

だいたい１０００ページと考えてください。

――と、なると？

1ページが１０００字で、それで１０００ページの本が約３２００冊。これを親からワンセットでもらうんですね。それが本当に狭い、狭い空間に書いてある。どれぐらい狭いか、ちょっと想像してみてください。1グラムの何分の1の狭い空間に入っているんですが……。

――え、何キロじゃないんですね。

1グラムの何分の1、じつは2000億分の1なんですよ。

――2000億分の1!?　で、地球の人口が60億ですよね。どう物事を考えればいいのでしょうか。ちょっと想像できません。

ちりにもならないくらいの空間に、万巻の書物が書き込んであるのです。で、書き込んであるだけではなくて、働いているんですよ。これは、人間業ではありません。

――人間業じゃないです。

そうでしょ。

――手を合わせて、「サムシング・グレート」と言いたくなる。それが、生まれて死ぬまで働いてくれるわけですよね。

だから、それはやはり人間を超えた不思議で偉大な存在があると、私は思い始めたんです。

――それはいつごろのことですか。

やはり遺伝子の暗号解読が終わりかけたころです。解読をやっているときは、そんなこと考えません。私たちにも商売敵がありますから。なんとかあの研究機関に勝とうとか思ってやっていますので。

――一歩でも早く？

はい。だから必死なんです。しかし、あるとき冷静になってね、自分たちの読んだ遺伝子暗号を眺めていて、「ああ、僕たちのグループもよくやったな。若い人が頑張った」と思っていたけど、しかしそれ、読むことも大変だけど、もっともっとすごいことがある。それは読む前に書いてあったということですね。

――そうですよね。誰が書いたかという話ですよね。

それはわからない。自然が書いた。しかしその自然は、私たちのよく知っている目に見える自然ではなくて、目に見えないけれども、不思議な自然の働きがあると私は思い始めたんですよ。私たちはいま、目に見えるものを……、

——信じてしまいます。

お金に換算できるもの、数値化できるものに価値を置いているでしょ。

——そうです。

しかし人間にとって本当に大切なものは、目に見えないものかもしれない。たとえば、愛は目に見えません。心も目に見えない。命も目に見えない。この**生き物によってすべて違う暗号を書き込んで、しかも間違いなく動かしている不思議な存在がある。そう仮定しなければ、説明がつかないんです**。それを私はサムシング・グレートという言葉を使って説明しているのですが、サムシング・グレートが何かはわからないんですよ。しかし、わからないけれども、不思議で偉大な存在がある。

──たしかにあるっていうことですね。

はい。

──そう仮定しないと、解読する前に書き込んでいた存在がいることを説明できない。

すごいでしょ。マザー・テレサは「サムシング・ビューティフル」といっていましたが、それは、やはり女性の感性ですね。彼女の場合は神様でしょうが、サムシング・ビューティフルという表現を使って、そういう存在を感じるわけです。ですから、そういうものを少しでも感じることができれば、少々落ち込んで成績が悪かろうが落第しようが、私は生まれただけで丸儲けです、と。

──大儲けですね。

奇跡的存在なんですから。

――まさに奇跡的存在ですね。ところで、その２０００億分の1グラムの大きさに収まっている遺伝子ですが、地球の人口をすべて合わせると、どのぐらいになるんですか？

お米1粒に入ります。

――お米1粒に、地球上にいるすべての人間の遺伝子が入っているということですか？

大百科事典３２００百冊×60億人分の遺伝子がすべて、米1粒に入る勘定です。

――そんな小さなものに私たちは動かされて、戦争を起こしたり、人を愛したりしているということなんですね。

しかしね、私たち人間には、遺伝子だけではなく、心がありますから。それをオンにしたり、オフにしたりすることができる。ですから、人間の特徴はやはり心という部分が、ほかの動物よりも自由に使えるようになっていることです。

――感情豊かに使えるというところが、人間の特徴。

そう。戦争も起こすのだけど、やはりサムシング・グレートを感じたり、宇宙の果てはどうなっているかなんて考えたりできるのは、やはり人間だけですよ。おそらくネズミは宇宙の果てはどうなっているかとか、命のもとはどこからきているのかとは考えない。

――たしかに。では、真剣に考えて真剣に取り組むことが、人間の大きな役割として備わっているのだと。

と、思いますね。何のために生まれてきたのかということですね。

――そういうことですよね。

でも、本当はわからないんですよ、これは。

――わかろうとする気持ちが大事ということ？

そうでしょうね。

――ところで、村上さんの笑ったお顔、最高ですね。心の垢が取れる気がします。なぜでしょうね。

すごいほめ言葉だなあ。

――今日も、何かにスイッチ・オンですね。ありがとうございました。

対談後記

こんなに楽しそうに語られたら、もう脱帽です！

村上さんが高血圧の原因となる酵素の遺伝子解読に成功されたことは、パスツール研究所やハーバード大学を抑えての偉業でした。その解読の瞬間まで心身を削り、苦難を乗り越え、成功できたのは研究者としての至上の喜び、そして誇りです。

米１粒に地球上のすべての人間の遺伝子が入るという、ミクロの世界の先に見えるのは、いったい誰がそれを設計したのか？　人は何のために生まれてきたのか？　といったマクロの世界でした。

笑いの効用など多岐にわたる話に、これほどまでに笑い声がスタジオに響いた収録はありませんでした。それは名誉教授という立場にありながら、いまだに子供心を忘れないそのひたむきな姿、感動や驚き、興味深いことを伝えるときのイキイキとした表情に、私までまるで子供のように感化されてしまいました。仕事をすることは希望に満ち溢れるということです。仕事は打ち込めば打ち込むほど楽しくなる。大人が我を忘れて仕事に没頭する姿は、「がむしゃら」が一番カッコいい！　カッコつけている場合じゃない！ と、思わせてくれます。

そして村上さんは難しいことをわかりやすく、しかも一般人が興味を持てるように伝える名手です。専門分野を深める探究力と多くの人に伝えるために噛み砕き伝える能力、この2つの車輪が回り出すと、仕事をしていく上で多くの共感者を増やすことができます。

（山口佐貴子）

脳神経外科医

林成之

Nariyuki Hayashi

脳に悪い７つの習慣

（幻冬舎刊）

（はやし・なりゆき）1939年富山県生まれ。70年に日本大学大学院・医学研究科博士課程外科系を修了。マイアミ大学に留学後、同大学救命救急センターに勤務。94年に日本大学医学部付属板橋病院救命救急センター部長。長きにわたり救急患者の治療に取り組み、数々の画期的な治療法を開発。特に脳低温療法は世界でも注目される。現在は日本大学大学院・総合科学研究科教授。07年国際脳低温療法学会会長賞を受賞。著書に『〈勝負脳〉の鍛え方』（講談社）、『脳に悪い7つの習慣』（幻冬舎）、『脳低温療法』（総合医学社）など多数。

――林先生は日本大学医学部を卒業されて、同大学院の博士課程を修了されています。マイアミ大学に留学されたのちに日本大学に戻られ、救命救急センターの課長をされました。そのときに、「脳低温療法」を開発され、この脳低温療法が、先生の名を世界中にとどろかせることになった。いまは日本大学の大学院の教授をなさっていらっしゃるということです。

(林)　はい。そのとおりです。

――この脳低温療法、まずこれをぎゅっとまとめてご紹介いただいてもいいでしょうか。

アメリカにいるときに研究をやっていて非常に不思議に思っていたのが、脳に関する論文というのは37度の一定温度で研究しないと採用されないことなんです。なぜかというと、37度にしないとデータが狂ってくるから。

――それは脳のデータが、ですか？

無謀さが開いた秘密の扉

そうですね。ということは、脳の温度にカギがあるのではないかと、あるとき気づいたのがきっかけでした。たとえば、救命センターでは、現実には、運び込まれる患者の多くが亡くなるんです。呼吸が止まっています、瞳孔が開いています、心停止です、と、そういう患者が次々とやってくる。救命センターを任されてすぐ、自分たちが屍に対処しているような状態になっていると気づき、非常に驚きました。これは間違った職場へ来てしまったと。

私はもともと脳外科医で、神経科学を専門にやっていたので、救急をやるとは思っていなかった。ところがその現場に立ち会ってみると、ほとんど助からない人が次々とやってきて亡くなるので、こっちの心が持たなくなってきたんです。それでなんとかしなくてはいけないと思って、何か手探りが必要になってきたので、たぶん世界で初めてだと思うけど、脳の温度を直接測ってみた。その疑問がずっとあったのでね。

――体温計は腋の下ですよね。

はい。

――脳に体温計を突っ込むんですか？　どうやって？　本当に突っ込んだのですか？

ええ、突っ込んだ。そうしたら、みんなが「何なさるんですか！」って。私としては、もう助からない患者さんでも、なんとかしようと思って……。昔は脳圧を見ながら管理していて、細いセンサーのついた圧力計を脳に突っ込んで測っていたんです。だから、「同じことだから」と思って測った。

――すごくシンプルですよね。

ええ。そうしたら、みんな驚いた。で、驚いたのを見て、今度は、私が驚いた。そのときに出てきた数値が、脳の温度が43度だったんです。

――43度。それは心停止している人ですか？

いやいや、心臓は動いています。でも、瞳孔が開いている人。最初に出てきた温度が43度。私らも頭が悪くてね、最初は温度センサーが壊れていると思った。で、運ばれてくる患者さんを次々と測るんだけど、44度、42度と、みんな一般的な平熱よりも高いんです。

それで、これは、おかしいのではないかっていう話になった。そしてさらに驚いたのは、多くの患者さんの脳の温度がすっと下がったんです。

――突然ですか？

はい、突然。でも、そこには下がった理由があった。その犯人は血圧だったんです。血というのは、脳に酸素と栄養だけを運ぶと私たちは思っていたのに、脳の温度を洗い流す限界の血圧があるということが初めてわかったわけです。

――血で脳を冷ましているということですか？

そう。要するに車のラジエーターと同じです。それで、これは、42度の患者さんにいくら従来の治療をやっても治るわけがないので、脳の温度管理をしなくてはいけないと思いました。

私たちにとっては腰が抜けるぐらいの驚きで、もう人生をかけて、この患者のために脳の温度管理をする治療を開発しようと。脳低温療法はそこから始まったんです。

――脳の体温を測るという林先生のびっくりしてしまう発想が、この療法を生み出しているということですね。

そういうことですね。それで、この治療は結局11年かかってつくりあげて、皆さんもご存じのイビチャ・オシム（元サッカー日本代表監督）さんも、その治療法で社会復帰された。

――倒れた2か月後に、公の場に立たれました。

そうですね。瞳孔が開いた患者さんがね、結局、最終的には4割ぐらい社会復帰可能な状況に戻るまでになったんです。社会復帰可能な状況とは、会社に行けるぐらいまで元通りになるということ。

――瞳孔が開いていて、心停止している状態なのに。

そうですね、心停止。

――脳の損傷レベルですが、病院に運ばれてきたときに、脳みそが出ているくらいの状態でも、戻る方がいらっしゃる？

そうですね。壊れて、鼻からもう流れて出ている方も、３年かかりましたけど、いまはちゃんと普通に会話ができる状態になっています。ところで、なぜそうなったかについては、秘密がいくつも出てきました。脳の壊れ方というのは医師が考えている以上に複雑なんです。

――その秘密をこじ開けたということですか？

はい、こじ開けた。そのことによって、第一回目の国際学会も私が開きました。さらに月刊の科学雑誌がアメリカで生まれることになった。自分の開発した治療から、国際学会の学会誌が生まれたんです。

――すばらしい。

そのころ、意識がないと思っている患者さんがいまして、私たちも目からウロコだった症例があります。あるとき、心停止しているある患者さんに、「もうダメだ」と私が思わず呟いてしまった。そして、患者さんが復帰できたときに、「先生、あのとき『ダメ』っていいましたよね」といわれたのです。

人間の意識は普通、外から刺激をしてその反応を見ていますよね。しかし、人間の意識は、「こうしたい」とか「ああしたい」とか、「あの人が好きだ」という、外の刺激を必要としない意識があります。結局、その症例は、それをどう診断するかという状態になり、討議が始まりました。けれども、そのしくみがやはりわからなくて……。

それで、結局、すべて解き明かして、最後に残ったのが、脳に入ってくるいろんな情報はどうして一つの概念にまとまってくるのか、さらに、その考えが人にどうやって伝わるのかという部分のしくみを解き明かさないといけないということ。そうしないと、本当の脳の治療にはならないということです。私がそう発言したところ、みんなは「そんなの無理、無理」といい出したんです。

——先生は「無理」といわれればいわれるほど、燃えるタイプだと思います。

そう。要するに、脳がもう反応しない。瞳孔が開いて、呼吸は止まっている。で、人間というのは、外からの刺激で見てそう思っているけれど、脳の中ではまた違った意識が生まれていて、われわれは「あの人が好きだ」とか、「こうしたい」とかっていう意識を持っている。それをどうやって診断するのか、という話になったということです。

——脳の働きのうち言語化されない部分をどう診断するかということですね。

それで、最初に見つけ出したのは、表情筋で見ようという診断です。目の周りや口の周りの筋肉を刺激して、ちょっとでも動いたら、これは心が戻ると考え、医師は戻してやるという考えだったんですね。ですから、心臓が止まって心臓マッサージをやっても動かなくても、ペースメーカーを入れて人工心肺を十分に回すことができれば対処できる。そうやって心臓が止まった人の、心臓の冠状動脈というところをバルーンで広げてカテーテルを通して、脳低温療法をやっているとね、脳波が次の日に回復してくるんです。次の日に、ですよ。でも、心臓は止まったままなんです。

——そう……なんですか、私にはわからない。

これが心臓死です。心臓死でも脳は動いている。最長で、心臓死から4日たった患者さんでも、いまは社会復帰して仕事をしている人がいます。で、そうやって考えてくると、従来の医療というのは間違いだらけなんですね。

——先生、人間は死んだら戻らない。よみがえりという言葉があるぐらいですから。でも先生の治療は、よみがえっている人を増やしているということですよね。先生は人間の蘇生限界点を移動させたということになりませんか？

うん、そうですね。

——これは、医学界において、ものすごくショッキングなことだったのではないでしょうか？

それはもう、大変いじめられました。

コツコツではなく、「同期発火」させる

――そこで、ご著書の『脳に悪い7つの習慣』。

七つある習慣を簡単にご紹介すると、「興味がない物事を避ける」というのは、脳にとって悪い習慣である。「嫌だ、疲れた」と愚痴をいうのも、脳にとって悪い習慣。このあたりはなんとなくわかります。「避けてばっかりいないでね、愚痴ばっかりいってていちゃダメよ」ということですね。

でも、次に「言われたことをコツコツやる」のも悪い習慣。そうなると、「え？」と思います。これは日本人の美徳だと思いますが、コツコツやっていると、マズイのですか？

私たちも小さいときはそういわれました。それ、嘘ばっかりですよね。コツコツやるっていうのは、はなから自分を守る自己保存の本能が働いています。まあ、何もしないよりはマシだというくらいです。

――そうですか……。

でも、頑張っても頑張ってもダメなときに、コツコツやるといっても絶対に達成しないんですよ。それは、はなから自分を守ろうという考え方で、自分のペースでやっていますから。誤解されると困るので言っておきますが、コツコツやるのがすべて悪いことではありません。何もしないよりは、はるかにいいです。でも壁を破ろうとすると、ほとんどできません。

――壁を破ろうとするかどうかということですね。

そうです。

――壁を破り続けてきた林先生からいわせれば、コツコツなんていうより、ビュンビュンという感じですか。

ビュンビュンじゃなくてね、「一気、一気」ですね。

――「ビュンビュン」と「一気、一気」はどう違うんでしょう？

ビュンビュンというのは音が入っていますが、頑張るのには音はありません。
自分が高い目標に向かって頑張ろうとしたとき、誰が考えても無理なことはあります。たとえば、瞳孔が開いた患者さんを社会復帰させると私がいったら、みんなが「先生、無理、無理」といったということです。瞳孔が開くということは脳の幹部が壊れているわけですから、そんなのいくら治したって、植物状態になるからダメだとみんな思ったわけです。
でも、私の考えは、もっと詳しくて、たしかに脳幹の細胞が死んでいると、瞳孔は開きます。しかし、細胞は死なないで神経細胞の膜の機能だけ落ちても瞳孔は開きます。どうやって区別するのですかと聞いても、みんな答えられません。そのとき、「じゃあ、やれるんじゃないの」という発想が生まれる。ですから「同期発火」という考えを持たないと、人間というのはものを達成できないことになっている。大事なのは同期発火です。

――同期発火？

みんなが「なるほど」と思わないと、はなからダメなんです。

――同期発火というのは、同期の桜の同期に、発火、火がつく。

はい。神経細胞が活動することを、発火現象というわけですね。ですから、お互いに「うん」と思ったときに、「一気、一気」でいけるということですね。

このしくみを解き明かすのに、やはり10年かかっています。たくさんの情報がなぜ脳のなかで自然に一つにまとまるか。まとめる方法は脳にはないのに、まとまってくる。それが非常に不思議なことだったわけです。でも、好きになったり、おもしろいと思うことが起こったりすると、神経核はものを理解するだけではなくて、情報を集めて、すべて同時に返します。同時に返すということは情報が一つになるということ。これが同期発火です。

―― 脳のなかで同期発火を起こすということですね。

そういうことです。

―― そのポイントは、好きになること。では、目の前の仕事を好きになったら、「一気、一気」でいけますか？

そう。人間の能力というのは、好きになり、興味を持つということから始まってくるので。

だから皆さんは、嫌いな先生の科目は絶対に覚えられません。好きな先生の科目ばかり、皆さん覚えていますよね。

――本当ですよね。これ、ホッとしませんか？　そういう自分っていけないんじゃないかとか、嫌いな先生でも一生懸命になって頑張って覚えなくてはいけないとか、ずっと思っていました。私、林先生の本を読んで、じつはホッとしたんです。

だから人に気持ちを伝えるときも、同期発火が必要なので、相手を好きになること、これは非常に大事なんですけど、**相手を尊敬することです。そういうファクターを加えると、相手に必ず気持ちは伝わることになっています**。だから皆さんは、会社で上司だとして、部下に向かってああしろ、こうしろといっても、部下を好きになっていないとダメ。部下でも尊敬していないとダメなんです。

――部下を尊敬する？

そう。それには力が必要です。たとえば、今日の話でも、「よく聞いてくださいました」と思うから私の話が伝わるわけです。尊敬しないで「話、聞きなさいよ」とやられたら、伝わらないと思います。だから、相手を嫌いになると相手も嫌いになります。好きになると、コーヒーを飲むときは相手もコーヒーを飲むようになるんです。足を組むと、相手も組んでいます。組んでいなかったら、まだダメです。

男女なら、口説くタイミングじゃないということですね。会社でチームをつくっていくときに、「じゃあ、一緒にコーヒーを飲むか」といわれると、なんとなくつながっている感じが生まれることもありますよね。そういうことです。一緒に飲み出したら、それはもう、ぴったり同期発火しています。

常に効率を考えていると、思わぬ落とし穴にはまる

――次に、脳に悪い七つの習慣の一つとして「常に効率を考えている」ということが挙がっています。常に効率を考えていませんか？　といわれれば、私は毎日考えています。効率を考えるというのは、いまの社会が成り立つために必要なことだと思いますが……。

そうですね。効率というのは、正確にいうと経済から出てきた概念で、経済という概念から考えると、効率を考えるのはあたり前です。効率の悪いことをやったら経済が崩壊していきますから、それは正しいのです。

ところが、人間の脳を鍛えるという面から捉えると、効率を考えていると脳が崩壊していくんですよ。たとえば効率をよくするために、マニュアルをつくり、マニュアルどおりにやる。すると、その部分は間違いないし、正しいわけです。非常に成果も上がってきます。それで、やがて、みんなが何をいい出すかというと、「マニュアルがないとできない」となります。

――はい、わかります。

以前、ソニーの天外伺朗さんと対談したときに、彼が非常にいい質問をなさったんです。**ソニーは、かつては独自のアイデアが次々と出ていました。ところが、効率、マニュアルどおりにやっているうちに、新しいアイデアが出なくなってきました、**と。そのときに、「先生、同じ人間なのに、どうしてそういうことが起きるんですか？」と。いい質問です。

――自己保存の本能が働いてしまっているということですか？

自己保存どころではありません。答えはとても簡単で、興味を持って何かをやろうとしたとき、「あ、これは自分でやりたい」と自己報酬神経群が働いて、いい考えが生まれるしくみになっています。だから、人間の脳にとってご褒美は何かというと、お金をもらうことではなくて、自分でやりたいと思ったことを成し遂げることなんです。

――自分で決めなくてはダメということですよね。上司から無理やりだと……。

ダメなんです。

――では、無理やり仕事を渡されたら、自分が「それを選んだ」と思わなくてはいけない。

そういう考え方をできたら、相当立派だということです。

何をいっているかというと、マニュアルというのはほかの人がつくったもので、上の人が「こうしなさい」というのも、ほかの人が伝えた考えです。でも、それだと自分に対するご褒美がないので、いわれたとおりにずっとやっていると、人間は考える能力が消えていくのです。だから、自分で考えなさいっていわれたとたんに「え、それ無理です」と、みんないい出す。つまり、効率が生んだものは脳を鍛えることができないというわけです。

――学校教育でも、画一的な答えを求めるというのがテストだったりしますが、そのなかでやはり、考えるということを頻繁にさせていかないと、脳的にダメージを受けてしまうということですか？

そう。知識は増えるけれど、自分で考える能力が落ちてきます。どのようにダメになるかというと、ソニーの場合は、オリジナリティのある考えが生まれなくなった。マニュアルがあっても、「自分だったら、もっとこうする」という考えを持っていないと、自分で考えるしくみを動かさないことになるわけです。いわれたことをやるのも大切だけれど、「自分だったら、もっとこう工夫する」という、「自分だったら」という考えが大事なんです。

子どもが失敗すると、お母さんが叱りますよね。「ダメだったね、どうして失敗したの？」って。でも、子どもはお母さんが好きなので、「早くやめてくれないかな」と思っているだけで、叱る内容は全然聞いていないはずです。それで、お父さんが叱ると、もっと怖いので、ほとんど聞いていません。つらいので、「早くやめてくれないかな」と思っているだけです。

――だから同じことを繰り返してしまうんですね。

そうそう。するとどうなるかというと、「じゃあ、こうしたほうがいいですよ」と答えを教えてあげてもいいのですが、「こうしなさい」といったら、また同じことになってしまう。

――本当は、どうしたらいいのでしょうか？

そのときに、たとえば子どもの場合は、「お母さん、こうやって同じ失敗したんだけど、お父さんね、こうやってうまくやったらしいよ」って、いってあげる。答えを伝えているわけですが、「ところで、あなただったらどうする？」って聞いてあげるのです。そして「僕もそうする」と……、「僕も」といったら、こっちのものです。「僕も、私も」といったら、あと押しをすればいい。「あなただったら、もっとすごい、いいアイデアを考えるんじゃないの？」って……。

——そこでちょっと、グッと持ちあげるんですね。

そう。脳に悪い七つの習慣のラストは、「人をほめない」ということですが、やはり、ほめられると、ものすごく心に自信ができるし、穏やかになるし、嫌いになれないですよね。だから、人をほめるとすごい力を発揮してくる。

部下の場合も同じことですね。失敗したら、「こういう理由だと思うけど、君だったらどう考える？」と伝える。「こうしなさい」といってしまったら、その部下は育ちません。

——そこで効率を考えてしまい、早く直そうと思うと……。

みんな、「こうしなさい」といってしまうのです。「いうことを聞きなさい！」とやっていますよね。そこのところはグッとこらえて、「どう思う？」と、いつも相手に考える間合いをつくってあげることが、人間の才能を引き出すしくみとして大事なのです。

――会社でも、育むという感じなんですね。

まさにそのとおりです。

本能を味方にした人が頂点に立つ

――いまおっしゃられたことは、どんな人の関係性にもいえるのでしょうか？

そうですね。私はいまオリンピック選手もずいぶん指導しているんですよ。そのオリンピック選手を指導したときに、「先生、ジュニアも指導してください」といわれて、ジュニアの指導をしたんです。

――将来のオリンピック選手たちですね。

そうしたらね、やはりいい質問が飛んできました。

――どんな質問でしょうか？

「先生、僕ね、負けると落ち込んで、落ち込んだらなかなか立ち直れないんです。どうしたらいいでしょうか?」という質問。これ、いい質問なんですよ。

成果、勝ちだけを追い求めていると、負けるということはダメなことなので、誰だって落ち込みます。**効率ばかりを追い求めていると、成果という答えが求められるので、落ち込むんです。**

――効率と成果の関係ですね。

はい。人間の脳というのは不思議なもので……なぜ人間は勝負になると緊張するかわかりますか?　**勝負になったらすごい力を発揮する人と、勝負になると力が出ない人とに分かれます。**

――たしかに。そのとおり。聞きたい。

人間の脳には本能がありますね。本能っていうのは神経細胞、150億の神経細胞が1個1個持っている機能が、一つの本能です。もう一つは、それが集まって組織をつくる本能。で、そこからもう一つ、三つ目に、考えを生み出すところのしくみが生み出す本能があります。つまり、人間の脳には三つの本能があるのです。それで、このなかに、人間は仲間でありたいという本能を持っています。これは細胞由来の話です。だから日本に生まれると日本が好きになる。日本に生まれているのに日本が嫌いといったら、それは本能に反しているわけです。

そして、一方で考えというのは、いくつかの神経核が連なることによって生まれるので、**違いを認めながら共に生きる**ということが、人間の脳の考えを生み出す一つの原則になっているのです。ですから、意見が異なるから抵抗勢力だ、といっているようではダメで、人間はその違いの意見を飲み込むような考え、力を持っているわけです。

――もとから備わっているんですね。

ええ、それくらい賢い。だからビジネスであれば、**自分が儲けていい思いをすると同時に、お客さんもいい思いをするビジネスを考えることが、脳が求めているしくみになっています。**ですから、そういうビジネスを開発すると、ずっと続いていきます。

――すばらしい。

それを、効率だけを重視してやっていると、結局、自分だけ得をすることをやっているので、みんな長くは続かないということになるんです。

――そこにもつながることだったんですね。これだけいろいろと経済環境が変わってきたときに、自分の仕事が脳の観点から正しいことにもとづいているかどうか、違いを見つけて共存したり、見直したりするだけでも、だいぶ設計が違ってきますね。

そうです。変わってきます。勝負というのは、人間の本能、要するに「仲間でありたい」、「共に生きたい」というのと、真っ向から相反する作業をやるわけです。一つの脳のなかで相反することをやるので、人間は誰でも緊張したり、「失敗したらどうしようか」と考えたりするのが普通なんです。では、それをどう乗り越えるかということが、勝負の分かれ目になりますよね。

――はい。

これは、二つあります。一つは、いま、スポーツ界がいっているように、勝負は何がなんでも勝つんだ、プレッシャーにも負けないんだという考え方です。王さんが同じことをいっていましたが、「勝負だけは別なんだ」という考え方です。

――生きているということと勝負は別だということですね。

でも、この考えは、プレッシャーを絶対はずすことはできないので、プレッシャーに打ち勝つという話に変わってしまうのです。

――より強くなろうという概念ですね。

そう。それで、私は水泳の北島康介選手に、「この考えでは、銀メダルまでは行くけど、金メダルには届かない」といいました。

人間は本能を味方にしないと世界の頂点に立てないのです。本能のしくみの一つに「仲間でありたい」ということがあるので、北京オリンピックのときのハンセンは自分のライバルではなくて、自分を高めてくれる大切な、尊敬すべきツールと考え、仲間にするということが大切だと伝えました。それで、「ツールには負けない」という考え方を持ち込むと、人間は迷わず勝負できるということです。

——そうすると、穏やかな気持ちで勝負に臨める。

そう。それから次は、好きになるという本能をどうするかというと、「どんなに嫌なコーチでも好きになってください」と伝えました。「勝負をするときには、すべてのコーチを好きになってください。こんなやつ、もう嫌だと思うコーチがいても、それは自分が活躍するために神様が遣わした人なんです」と伝えました。

そうしたら、コーチがみんな座り直してね、円陣を組み直して「やってやる！」って。すごかったですよ。同期発火していましたね。

だから皆さんは、変な上司にぶつかっても、その上司は自分が力を発揮するために、いま、神様が遣わした人だと思えば、かなり魅力的な存在になりますよ。いま、自分が伸びていくための一つの試練をくれている、大切な人だと考えると、どんな人物だって乗り越えられます。

勝ち負けではなく、勝ち方に勝負をかける

――どんな人も、すばらしいチャンスをくれている存在なんですね。

はい。そして非常に大切なことですけど、勝ち負けを語るとき、「金メダルを獲ります」ではなくて、金メダルを獲るために何をやるか、何をしなくてはいけないかということに集中するんです。

――最終ゴールだけではなくて……。

勝ち方に勝負をかけるというか、達成のしかたに勝負をかけるんです。それをやると、人間はすごい力を発揮することができます。

――どのように途中経過を送るかということが、結果に影響するということですか？

まあ、そうです。勝ち方に勝負をかけると、先ほどのオリンピック・ジュニアがしてくれた「立ち直れない」という話も、「君ね、勝ち負けに執着すると、誰でも立ち直れないという心境になる。そうではなくて、**負けたら負けた理由がちゃんとあるのだから、勇気を持ってそれを明確にして乗り越えると、必ず上にいく**。だから、君は負けたことによって、『俺はもっとすごい選手になる』って、ワクワクするんだよ」と伝えました。「学校で教わっているように、成果、成果って、そんなことばかりいっていてはいけない」と話していたら、横に文科省の人がいまして……。

――「あわあわ」ってなりませんでした？

いや、私もまずいことをいってしまった、と。

――で、そのあと、文科省の方が先生におっしゃった言葉はなんだったんですか？

その方も立派でね、「先生、いまの話、文科省でやってくれ」といわれました。正直、ホッとしましたよ（笑）。

――それは本当によかったですね（笑）。先生、貴重なお話を、本当にどうもありがとうございました。

対談後記

医師の教える、
不可能を可能にする脳の使い方

脳低温療法を開発するきっかけは、脳に重大な損傷を起こした患者の家族が「先生、助けてください！」と願ったことに始まります。大切な人が死にゆく局面にいたら、助けてくださいと叫ぶ人は当然います。林さんはそれを聞き、「助けなくてはと思った」と語ります。言葉をそのまま行動に移す意思。無理だという固定観念を持たず、人の言葉をまっすぐ受け止めて行動した先に、不可能を可能にした大発見はありました。

やる時はコツコツやっていたらダメで、一気に駆け上がると壁を超えることができる、一気に集中し概念を超え、やってみる！

という思いが未来の扉を開け、仕事を創るのです。今や世界的権威として国際脳低温療法学会会長を務め、たゆまぬ活躍を続けながらも、オリンピック選手のメンタルトレーナー、また子育て教育にも携わる多忙な毎日。いつ、お目にかかっても生命力にあふれた姿を拝見すると、脳の使い方次第で老化も防げるという事実を学びます。

医学を超えて教育にも関わることができるのは、脳という存在を徹底的に研究し、焦点を絞った仕事をしてきたからこそです。その広がりが、多くの人の役に立つ学問として影響を与えています。自分がやりたいと思ったことを成し遂げることを、脳は褒美として感じるという言葉どおり、魂を打ち込める仕事を創るためには、「ここぞ！」という時にはアクセルを踏むことが必要だとわかります。

（山口佐貴子）

おわりにかえて
人の仕事観のその奥に触れる

私はインタビューをさせていただく時、いつも〃その方の深みに触れたい〃と思い、言葉を発します。ラジオパーソナリティーという仕事は言葉で眼の前の人、物、事を伝え、感動を電波に乗せて伝播させています。そして今回取り上げた物は『本』。その本に時間と情熱を注ぎ、世に送り出した生みの親の著者を目の前にして対話をしていく。私も著者として出版をしているのでわかりますが、本というものは骨身を削り書くものです。本を出すということは当たり前ですが、内容に責任を持つということの現れです。腹を決める作業です。

その腹を決めた著者の方にインタビューさせていただくとわかるのですが、どんな質問を投げても淀みなく答えは瞬時に返ってきます。溢れ出してきます。それはその仕事に出逢い、探求し味わった幾多の思い、言葉の中から選び抜かれた言葉だけを紡いで本にしているからです。今回、著者と対話した貴重な時間の中で本には書ききれなかった著者のその奥が垣間見られたでしょうか。

仕事から逃げない

そもそも仕事とは〝出逢うもの〟なのでしょうか？　人が仕事を選ぶ時、何をもって一生の仕事とするのか？　親の跡を継ぐなど、選べない職業も実際にあります。もしくは希望しなかった職種だけど、その会社しか採用してくれなかったなど、いずれにしてもその道を自ら選べない人は、どこで、どう折り合いをつけていくのか？

その方にはこんな提案をしてみたいと思います。選べない仕事すらも「それが出逢いだ」と思ってみてはどうでしょう。私という「人生の時間」を使って、させていただくのはこの仕事だと、いったん腹を決めてみる。

そうすると、見える世界が違ってきます。仕事に関して感じること、発想、行動が違ってきます。自分を起因として動き出すしか、誰もあなたの背を押してくれる人はいません。内発的動機によらないと、「魂がふるえるしごと」はスタートを切れないからです。

腹を決めて仕事をするのと、そうでないのとは、結果が大きく、大きく違います。共感してくれる人も違います。自分の専門分野はこれだ！　これで生きる！　とプライドを持って、仕事をすると、人生の最後で受け取る果実は実りが大きいのです。

過去を糧に、未来にかける

誤解を恐れずに言うなら、本というのはすべて過去です。過去の学問、思考、技術、芸術などから優れたものが残り、後世に名著として残ります。何十年前に書かれた書籍でも名著としていまだに読み継がれるものもあります。老若男女がどんな状況で読んでも学ぶことがある。これらの名著は、内容が人生を示唆するものであり、また読者に合わせて日進月歩するほどの出来栄えということです。

この本を読んでくださったあなた、そして私も、この本から何を学び、仕事の熱量を持って日々歩み続けている方々の智恵をいただき、いただいたことをもとに、よりよい人生を創るために何ができるのかを一人ひとり考え、日進月歩で行動すること、行動し続けること……、これしかないと思います。先達の智恵に、さらに自らの智恵を乗せて、次の世代に届けることができるかどうかが、時代をつなぐものの役割だと思います。

子供たちに未来を見せる

子供は大人の眼を見ています。眼がイキイキとしているか、もしくは淀み、視点が定まらないか？　多くの言葉を使わなくても、仕事に生きがいを感じられるかどうかは目や表情を見たらわかります。

子供たちが未来の地球の宝だとしたら、子供たちに〝働くことは楽しい〟と伝えることができるかどうかは大切なことです。もちろん〝働くことは苦しい〟もしかりです。

十分に厳しいものであり、しかし喜びであり、全部まるごと人生の栄養素になるのが仕事です。だからこそ、乗り越えていってほしいと願う気持ちがあります。

働くことに意欲を持てる子供たちなら、どんな未来を創っていけるのだろう？

親の世代が働けなくなるころには子供の世代は経済を支えます。

どんな気持ちで働いたのか？　それが喜びとなりお金となって循環する、そんな世を創っていく一助になりたい。それは私の未来への自覚でもあります。

基準値を上げる

何に時間を使うかがその人の人生のポリシーそのものとして現れ、結果ももたらします。余分な思考を挟まず仕事に没頭できることが、どれほど幸せなことか？　仕事より遊びたいと思う気持ちは、仕事に対する納得感の低い時に起こります。仕事と遊びの境がわからないほどの人もいれば、仕事と遊びを分けて、いい仕事をする人もいます。いずれにしても仕事をしている時はありったけの熱量を注ぐことが自分の道を開く最も正しい方法です。

その熱量の矛先は誰に言っても恥ずかしくない、あなたのなかにずっとある信念から出発している大義名分です。この本に登場いただいた方々は「当たり前」の基準を変え、高めていく仕事をされています。プロフェッショナルになる人は当たり前の基準が高いのです。だからこそ、自分を次の高みへ次の高みへと押し上げていく。「ここでいい」などと終わりにしない、できないものなのです。

現在この世に存在していない仕事も、10年後、20年後には数多く生まれていることでしょう。そうやって人々は時代に対応し、世にない仕事を創ってきました。先を歩く人が居ないからこそ、道は自分で創るしかない。その時にこの本があなたとあなたの子供たちの学びの一冊になってくれたら嬉しく思います。

今回ご登場いただいた8名の方をはじめ、たくさんのベストセラー作家の方々も、本ではなかなか書けない、聞けない話をラジオで語ってくれています。ぜひ『ベストセラーズチャンネル』のサイト（http://bestsellers.fm/）でお聞きください。本だけでは伝わらない深み、その人の声を通じてこそ見える人柄、人生観、生き様なども感じていただけます。ラジオの肉声の良さ、本の文字の良さに何度も触れていただければ触れた分だけ、あなたの血肉になることでしょう。

今回この書籍編集に関しご協力いただきました8名の著者の方々、ベストセラーズチャンネルの主藤孝司さん、青柳まさみさんには大変お世話になりました。この場を借りて御礼申し上げます。ありがとうございました。

山口佐貴子

本書のインタビューは、監修者の山口佐貴子氏が.FM放送ラジオ番組『ベストセラーズチャンネル®』内で行った収録内容を元に編集部で新たに制作したものです。記載されている会社名、地名、プロフィール、肩書き等は収録当時又は編集当時のものとなっており、現在は変更されている可能性もございます。ご了承ください。

❖登録商標

本書内に記載している商品・サービス名などは一般に各社の商標または登録商標です。本書では説明の便宜のためにそれらを記載しておりますが、権利者が持つ商標権の侵害を行う意志、目的はありません。

❖旧字体の表記について

弊社の刊行物は旧字体で表示（変換）できない漢字はすべて新字体で表示することを基本としております。旧字体の重要性や歴史的経緯は十分に尊重しておりますが、書籍制作の都合上やむを得ない処置であることをご理解いただき、予めご了承いただければと思います。皆様のご理解、ご協力に感謝いたします。

著者

.FM放送ラジオ番組『ベストセラーズチャンネル®』

日本最大の著者、書籍紹介のラジオ番組。番組を企画・プロデュースしているNPO法人起業家大学®は、書籍出版の支援活動を行うことによりわが国の経済発展に寄与することを目的とし、出版物の認知向上のための活動を行うことについて内閣府から正式に認証を受けているNPO法人です。番組の運営・著作は、NPO法人起業家大学®の出版部門を担う日本著作出版支援機構®が行なっています。エフエム東京系列のミュージックバードを通じ、全国のコミュニティーFM49局で放送。また、アメリカロサンゼルスのFM局TJSでも放送されています。(番組開始当初)
公式サイト http://bestsellers.fm/

【『ベストセラーズチャンネル®』が放送されている全国のコミュニティーFM局】

FMおたる、FMアップル、FMいるか、FMゆーとぴあ、FM765、ほほえみエフエムNCV おきたまGO!、SEA WAVE FMいわき、FMポコ、エフエムきたかた、ラジオ チャット、FMピッカラ、FMゆきぐに、FM-J、ほっこりラジオ、ラジオ アガット、FM OZE、ラヂオななみ、いせさきFM、FMぱるるん、FMかしま、FMひたち、レッズウェーブ(REDS WAVE)、FMたちかわ、FMブルー湘南、レディオ湘南、エフエム戸塚、エフエム甲府、エフエム八ヶ岳、ボイス・キュー、Ciao! g−sky76.5、エフエム佐久平、エルシーブイFM769、エフエムあづみの、ラジオこまつ、ラジオたかおか、エフエムとなみ、エフエムやしの実、ラジオ・ラブィート、FMおかざき、メディアスエフエム、Suzuka Voice FM 78.3MHz、Port Wave ポートウェイブ、FMわっち、FMラインウェーブ、FM845、FM千里、エフエムみっきぃ、FM JUNGLE、ハミングFM宝塚、RadioMOMO、エフエムゆめウェーブ、エフエムおのみち、しゅうなんFM、COME ON ! FM、FMわっしょい、FMいずも愛ステーション、B-FM791、FMラヂオバリバリ、FMがいや、FM八女、FMからつ、えびすFM、さいきエフエム、FM791、Kappa FM、レインボーFM、壱岐エフエム(本書刊行時)

【MUSIC BIRD(ミュージックバード)について】

エフエム東京、トヨタ自動車、日本電気、博報堂、電通などが出資する衛星デジタルラジオ局。最新のヒット曲からクラシック、BGMまであらゆるジャンルの音楽を24時間放送。CD並みの高音質で放送される全156チャンネルの多彩なプログラムは、東京ミッドタウンやレクサス店のBGMにも選ばれている業界トップクラスのクオリティ。CD化されていないレア音源、有名オーケストラの海外ライヴやジャズクラブでの演奏などもお届け。全国各地のコミュニティー放送局にも番組を供給している。日本民間放送連盟会員。

監修者

山口佐貴子（やまぐち・さきこ）

ライフリモデルリサーチャー。
ラーニングストラテジーズ社公認 フォトリーディング インストラクター。
株式会社尽力舎代表取締役、株式会社プロ・アクティブ取締役。

情報処理術のフォトリーディング等の講座を全国で開催。
フォトリーディングにおいては講師歴、開催回数、受講者数において女性インストラクターでは日本で最多を誇る。受講生には著名人も多く、日本はもとより、アメリカ、アジア、ヨーロッパ等から世界で活躍する方々が帰国してまで受講している人気講座となっている。

夫婦二人でグループ年商16億円にまで育て上げた経営手腕はもちろん、子育てと家庭のモチベーションバランスを取り両立させている生き方に注目され、TBSの人気テレビ番組に新しいタイプの女性経営者として出演し好評を博す。山崎康弘著『女性起業家』や本田健著『大好きなことをしてお金持ちになる』などの書籍にも取り上げられている。ワーク＆ライフモチベーション、女性のビジネススタイル、家族などをテーマとした講演も多い。

著書に『考える力がつくフォトリーディング』（共著・PHP研究所）、『超一流の人がやっているフォトリーディング速読勉強法』（かんき出版）がある。
2009年春よりベストセラーズチャンネルのパーソナリティーを担当。

山口佐貴子ホームページ
http://yamaguchisakiko.jp/

【本書の購入の仕方】

本書を購入希望の方には、インターネット書店（Amazon.co.jp）にてお求めいただくことを推奨しております。

◇購入の手順◇

1．インターネット書店「Amazon.co.jp（アマゾン）」へアクセス（「アマゾン」または「Amazon」と検索、またはhttp://amazon.co.jpへアクセス）
2．アマゾンのトップページから本書のタイトルまたは著者名を検索
3．ショッピングカートに進み、ご希望の配送方法・配送日を指定し、ご購入ください。

【キャリア教育出版について】

キャリア教育出版は、日本の未来を担う子どもたちへのキャリア教育環境の向上と支援を目的とし、文部科学省と経済産業省が推進するキャリア教育のコンセプトに沿った書籍を出版していく出版社です。

キャリア教育出版の書籍は、東京都官報販売所として官報や政府刊行物などの法令情報関連製品の普及販売事業を行ってきた東京官書普及株式会社が取り扱う官報扱いの図書です。

官報と法令情報の総合案内所である東京官書普及が取り扱う図書の一つとして、高い社会的責任と使命を担う図書にふさわしい企画と編集を行います。

※図書の流通について官報と同じ扱いがなされるものであり、図書の内容や企画、編集に国がお墨付きを与えているものではございません。
※キャリア教育出版の書籍は、社会のリアルな姿をできるだけそのまま読者にお届けするようにしています。その編集方針から、ビジネスで使われている単語、文章、単位、漢字などを変えることなく、そのまま書籍としています。必ずしも、学校教育や授業で採られている方針とは一致しないことをご了承ください。

【キャリア教育出版®の設立によせて】

キャリア教育出版は、２０１２年３月に商工事務局株式会社の新しい出版レーベルとして誕生、同年８月に商標登録され、10月１日から活動がスタートしました。

２０１１年１月、文部科学省では、学校が行うキャリア教育に外部の人材を導入するに当たって必要となる環境づくりや活用法を調査研究することを目的とした「キャリア教育における外部人材活用等に関する調査研究協力者会議」を設置。その報告『学校が社会と協働して一日も早くすべての児童生徒に充実したキャリア教育を行うために』では、「なぜ『キャリア教育』が必要なのか」、「学校が社会と協働して『キャリア教育』を行うため学校や教育委員会は何をすべきなのか」、「どうすれば学校以外の人材と連携した『キャリア教育』が行われるようになるのか」などの実例が紹介されています。

現在のキャリア教育の課題として、学校で学んだ内容がどのように社会で役立つのか、将来の職業で活用できるのか、などがイメージしづらいという点があげられています。経済が成熟化し、子どもたちの日常にもビジネスがあふれている時代において、子どもの頃から勉強と仕事の関連性を学び、学校教育が社会にどのように役に立っていくのかを理解することは、今後ますます重要度が増す一方だと考えられます。私たちはこういった社会背景を踏まえ、日本の将来を担う子どもたちに必要となる能力や態度を育んでいくためにも、キャリア教育の発展に寄与するべく、出版活動を行っていきます。

キャリア教育出版®

仕事の熱量
魂がふるえるしごと

著　者	ベストセラーズチャンネル®
監修者	山口佐貴子（やまぐち・さきこ）
発行者	立石聖子（たていし・しょうこ）
発行元	キャリア教育出版 〒107-0061東京都港区北青山3-6-7 青山パラシオタワー11階　商工事務局内 TEL：03-4590-7662　E-mail：info@sre.jp ※文書連絡（FAX）はメール宛にお願いします。
協　力	内閣府認証特定非営利活動法人 起業家大学
編集協力	姫野沙貴（ひめの・さき）
ディレクション／出版秘書	青柳まさみ（あおやぎ・まさみ）
制作デザイン・印刷・製本	日本著作出版支援機構　印刷デザイン部

販売種別：部分再販（非再販品）

　ISBN978-4-907129-04-0

※本品は再販売価格維持契約対象外商品の部分再販品です。販売価格は販売者にて決定されます。

書店の方へ
　本書は東京官書帳合（官報扱い）の本です。書籍流通に関するお問い合わせは直接下記の東京官書普及株式会社までお願いします。

〒101-0054　東京都千代田区神田錦町1-2　官報神田錦町ビル
東京官書普及株式会社　図書仕入部　TEL:03-3292-2675　FAX:03-3292-6733

2024.5.21

「総合的な学習の時間」への取り組みと本書について

【本書のねらい（保護者のみなさまへ）】

経済産業省が全国2218校へ実施した調査では、小中高校の学校長の88.5%が「学ぶ意欲を高めるために、キャリア教育は不可欠である」と回答するなど、キャリア教育は大きな期待と注目を浴びています。キャリア教育は、「さまざまな職業、職種への興味関心が生まれる」（54.5%）、「実社会にでて求められる力を学ぶことができる」（54.7%）などが目指すべき達成指標とされています。※1
一方課題として、キャリア教育に不可欠なコンテンツホルダーである企業等とのネットワークを強化するにあたって、「企業がキャリア教育に関するどのようなコンテンツをもっているのかがわからない」（50.3%）、「企業がどんな形で社会貢献しているのかがわからない」（25%）、「学校で学ぶことが将来の職業とどのように結びつくかがわからない」（18%）などを教育現場から示されてもいます。※2
キャリア教育出版の書籍シリーズは、キャリア教育が担っている期待に応えると同時に、教育現場の課題解決と、「総合的な学習の時間」に役立つことをねらいとしています。

【キャリア教育は不可欠】が88.5%

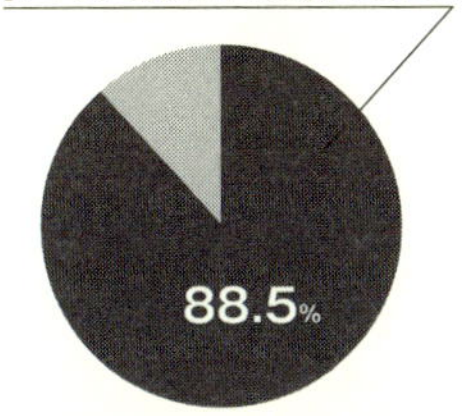

※1　平成20年度経済産業省のキャリア教育ニーズ調査より

企業等とネットワークを強化するにあたっての課題

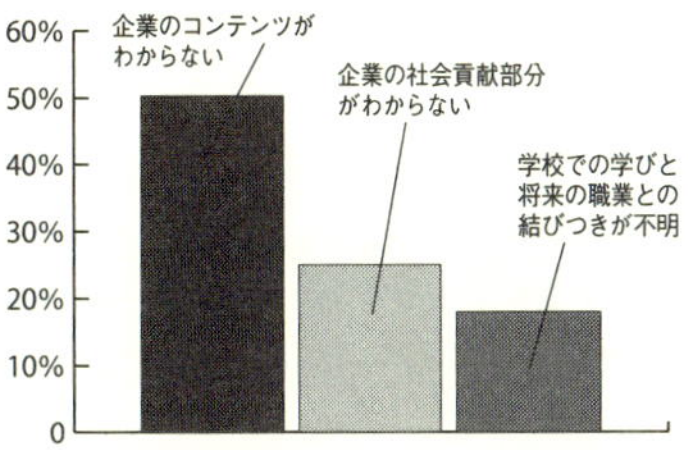

※2　全国1049の高等学校の進路指導担当アンケート（株式会社ディスコ発表2012.9.25）より

【学校関係のみなさまへ】


本書は、実社会で実際に使われているビジネスの情報を、子ども向けに加工することをせず、ありのままにまとめた書籍です。本書は実際に企業取引のきっかけとなったり、大人たちが本書のテーマを深く学ぶときにテキストとしても活用しています。

企業や実社会の情報は、単なる会社紹介や職業紹介、仕事紹介では表面的な情報しか得ることができません。それらはカタログやパンフレットと同じ、単なる紹介コンテンツだからです。

キャリア教育で必要な情報は、企業や専門家、リーダーたちが実際に世の中で取り組んでいる活動そのものの情報です。現実に利用されている、現場のリアルなコンテンツがキャリア教育の目的達成に最も貢献するからです。「子どもたちのためわかりやすく」という大義名分の元に加工された情報では、実社会の本当の姿は伝わりません。そのため本書シリーズでは、社会の最前線で実際に用いられている言葉や資料をそのまま用いています。そしてそれは、学校教育現場以外での職業経験がない多くの教職員の方々にとって、総合学習授業の支援ツールになっていきます。キャリア教育出版の書籍は、今、世の中で最も注目されていたり、全く新しいコンセプトとして台頭している業界、職業、文化、商品やサービスをピックアップしていきます。


【先生と生徒のみなさまへ】


本書の中で、難しいと思った部分や知らないところは飛ばしてもらっても構いません。まずは自分が知っている部分、読みたいと思った部分だけを読んでみましょう。それが学習意欲を高めていくコツの一つです。

本書に書かれている、実社会で実際に使われている情報のほとんどは、学校の先生も初めて知るものばかりでしょう。その結果、本書を通じて行われるキャリア教育は、先生と生徒が一体となって学ぶ全く新しい学びの視点を提供します。

それぞれの仕事が社会にどのように貢献しているのか。

実社会では、どういった考え方が要求されているのか。

直接的にそれらの答えを教わることがなくても、生徒と先生が一緒になって、本書の中からそれぞれ独自の意見と見解を見つけ出していきます。その中から、今、学校で学んでいることが将来どのように役立っていくかも見えてくるはずです。

キャリア教育出版の書籍は、「学びの楽しさ」と「知る喜び」のきっかけになる本です。

親子で読みたい「聞き方」読本
ラジオパーソナリティ・インタビュアーが教える

「聞き上手」のひみつ

ベストセラーズチャンネル®（著）
平間正彦（監修）

この本は「話を聞く」ということを取り上げた本だ。

「聞く」という行動は、だれでもできる。でも世の中には「聞く」ことがうまい、「聞き上手」と呼ばれる人がいる。

彼らはいったい、普通の人とどこがちがうんだろうか。僕は「話し上手」もいいけど、「聞き上手」になることをおすすめしたい。

そのためのヒントを、この本で一緒に見ていこう。

（本書「はじめに」より）

プロフェッショナルの視点

なぜ、彼らは人の心を動かせるのか

ベストセラーズチャンネル®（著）
畑哲郎（監修）

数多くの「プロフェッショナル」のお話を伺っていくうち、ある一つの共通点に、気がついた。

彼らに共通して言えることは、その視点の独自性である。日常の小さなこと、些細なこと、或いは普通の人なら見落としてしまうこと、そういったことに彼らは目を向ける。そこから生み出される新たなアイディアや発想が、イノベーションの源となる。本書はそんな『ベストセラーズチャンネル®』のゲストの中から、反響の大きかったゲストの全6回を一冊にまとめた一冊である。

（本書「はじめに」より）